基于中国管理实践的理论创新研究丛书

中国企业集体领导力研究

高昂 杨百寅 著

本书受国家自然科学基金项目"中国企业战略领导力研究集体领导力的理论模型及有效性"（71232002）和"一山容二虎基于组织双元理论的领导力跨层研究"（71502013）资助

科 学 出 版 社

北 京

内 容 简 介

　　本书立足中国企业管理实践，提出了集体领导理论。我们尝试突破传统领导力研究所固有的个体视角的局限性，将研究视角拓展到以一把手为核心的企业领导团队，从集体领导现象阐述到文化溯源，从概念提炼到理论扎根，从模型构建到企业集体领导案例分析，系统地探讨中国企业管理实践。

　　企业所面临市场环境复杂性对其生存发展提出新的挑战，领导者在应对复杂局面或处理矛盾诉求时，或可发挥集体智慧，通过分工协作与团队共担领导任务。扎根中国企业管理实践，对领导理论进行拓展与验证，不仅有益于企业的经营发展，而且有利于管理理论体系的完善。我们期望本书内容能为实践家和研究者打开一扇新的认识中国企业管理的大门。

图书在版编目（CIP）数据

中国企业集体领导力研究 / 高昂，杨百寅著. —北京：科学出版社，
2020.4
　（基于中国管理实践的理论创新研究丛书）
　ISBN 978-7-03-064798-6

　Ⅰ．①中…　Ⅱ．①高…　②杨…　Ⅲ．①企业领导学–研究–中国
Ⅳ.①F279.23

中国版本图书馆 CIP 数据核字（2020）第 058229 号

责任编辑：刘英红 / 责任校对：贾伟娟
责任印制：霍　兵 / 封面设计：无极书装

科 学 出 版 社 出版
北京东黄城根北街 16 号
邮政编码：100717
http://www.sciencep.com

三河市春园印刷有限公司　印刷
科学出版社发行　各地新华书店经销
*
2020 年 4 月第 一 版　开本：720×1000　1/16
2020 年 4 月第一次印刷　印张：10 1/4
字数：210 000

定价：88.00 元

（如有印装质量问题，我社负责调换）

丛书编委会

编　委（按姓氏拼音排序）

蔡　莉	教　授	吉林大学
陈明哲	教　授	弗吉尼亚大学
冯芷艳	研究员	国家自然科学基金委员会管理科学部
高自友	教　授	国家自然科学基金委员会管理科学部
李一军	教　授	哈尔滨工业大学
陆亚东	教　授	中山大学
王重鸣	教　授	浙江大学
吴　刚	研究员	国家自然科学基金委员会管理科学部
吴启迪	教　授	国家自然科学基金委员会管理科学部
吴世农	教　授	厦门大学
吴晓波	教　授	浙江大学
武常岐	教　授	北京大学
席酉民	教　授	西安交通大学
杨百寅	教　授	清华大学
杨　斌	教　授	清华大学
赵纯均	教　授	清华大学
赵曙明	教　授	南京大学

总　　序

　　为了全面、系统、深入地研究与展示中国改革开放 40 年来的优秀管理实践与创新变革经验，聚焦中国管理实践的理论创新，国家自然科学基金委员会管理科学部于 2012 年首次启动了重点项目群的项目资助类型，资助了"基于中国管理实践的理论创新研究"重点项目群。该重点项目群旨在通过聚焦中国企业与组织的管理实践行为的多视角协同研究，充分发挥管理学多学科领域合作研究的优势，深度探索中国企业及组织管理的成功实践、作用机制及其发展演进机理。该重点项目群侧重研究在复杂多变和具有中国特色的管理制度、经济环境、社会与文化条件下中国企业与组织的管理模式、行为机制与成长策略。在此基础上，项目群拓展相关管理理论，探究创新机制，建构研究策略，尝试构建中国管理的理论创新，从而显著提升我国管理学基础研究和理论发展的原始创新能力。该项目群重点项目的主持人和项目名称如下。

　　（1）清华大学杨斌教授："中国企业战略领导力研究：集体领导力的理论模型及有效性"。

　　（2）中山大学陆亚东教授："中国企业/组织管理理论创新研究"。

　　（3）吉林大学蔡莉教授："中国转型经济背景下企业创业机会与资源开发行为研究"。

　　（4）浙江大学王重鸣教授："基于并行分布策略的中国企业组织变革与文化融合机制研究"。

　　（5）浙江大学吴晓波教授："中国企业自主创新与技术追赶理论研究：模式、机制与动态演化"。

　　（6）西安交通大学席酉民教授："建构中国本土管理理论：话语权，启示录与真理"。

　　五年来，在国家自然科学基金委员会管理科学部的指导下，"基于中国管理实践的理论创新研究"重点项目群的各项研究取得了一定的理论创新和研究成果，也积累了一些重点项目群有效运营和项目管理的宝贵经验。本系列成果论著从多个角度展现出该重点项目群研究的多项理论创新与实践成效。概括起来，在企业集体领导力特征、中国管理理论体系、创业机会与资源开发一体化、组织变革与文化融合、自主创新与技术追赶、本土管理模式六大领域取得了理论创新成果。

一、重点项目群取得的主要理论创新

重点项目群的各项目团队在"基于中国管理实践的理论创新研究"方面解决了哪些关键理论与实践问题呢？改革开放以来，中国管理经历了承包制改革、多元化经营、科技型创新、国际化创业、企业转制变革、数字化转型等重要实践，提出了一些新的重要理论问题与实践挑战。比较集中的问题有：中国管理的独特性、领导行为的新模式、技术创新的新路径、变革文化的新策略、创业行为的新视角与新战略、本土领导的新理论等。重点项目群的各项目团队紧紧围绕这些重要实践问题，开展了深度的实证研究与独创的案例诠释，取得了重要的理论创新。

（一）中国企业的集体领导力模型

清华大学杨斌、杨百寅项目团队完成的重点项目"中国企业战略领导力研究：集体领导力的理论模型及有效性"，以中国集体主义文化为背景，提出了"集体领导力"概念，并展开系统性研究，包括概念界定与梳理、测量工具开发与验证、理论检验和实际应用。该项目把集体领导定义为"有着共同理想和价值观的领导集体在民主集中制下分工合作、集体决策以实现集体利益最大化的过程"。其领导力来源于领导班子的众人智慧，以集体主义为社会文化基础，聚焦高层团队，扮演召集人与协调人领导者角色。中国企业通过领导团队内部充分交流和沟通以及组织成员的共识认同而形成领导力的过程，进而体现出多方协商机制、民主集中达成共识的决策机制。在此基础上，研究开发了"共同理想、分工协作、发展成长"三项中西方文化下的共有维度和"顾全大局、和而不同、民主集中"三项中国情境下的特有维度。围绕集体领导力结构维度的区分效度与聚合效度，组织基础的前因变量效应，验证个体层面、团队层面和组织层面的不同作用机制等开展了理论构建和实证检验，并对相关其他领导力研究（战略型领导、变革型领导、家长式领导等）的交叉验证和差异分析，开展了多层次的理论与实证研究，进一步拓展了对于中国情境下集体领导力的创新理解。

（二）中国企业的"合"理论体系

中山大学陆亚东项目团队所完成的重点项目"中国企业/组织管理理论创新研究"，探索以中国企业成长为目的，以战略管理为视角的中国企业管理中的"合"理论体系，包含复合、联合、相合、结合等核心元素，进而创建其竞争优势或弥补其劣势，关注资源与能力的"独特组合、开放利用和共生发展"，以合补短，以合促长，合则共生，从而创造出市场快速响应、高性价比、复合式服务的独特优势。该项目研究围绕中国与新兴市场企业的国际化理论体系，构建了包含"内向国际化、激进对外直接投资、国内转换能力、国内能力升级、全球能力增强"五步骤的上升螺旋模型及其动态机制。以中外、天地、古今思路做好中国特色管理理论的创新，并总结出中国管理学理论创新研究的六种方法：困惑驱动式、哲学引导式、分类式、框架式、比较式、隐喻式。这为优化和应用中国企业的"合"理论体系提供了切实可行的方法论。

（三）中国企业创业机会资源一体化理论

吉林大学蔡莉教授和中国人民大学徐二明教授团队完成的重点项目"中国转型经济背景下企业创业机会与资源开发行为研究"，聚焦于机会-资源一体化的视角，通过对 135 家创业企业（孵化器）的案例分析，围绕中国转型经济背景下的创业环境与企业内部因素特征，对创业机会-资源开发行为概念体系的构建及影响因素进行分析，创建了 LCOR（L 创业学习、C 创业能力、O 创业机会、R 创业资源）创业模型，并基于此模型对创业战略选择开展研究。该项目研究了中国转型经济情境下的创业环境维度，构建基于中国情境的创业研究体系。基于此，从创业环境中的制度环境视角切入，对制度创业下的机会-资源开发行为进行系统研究；系统提出机会-资源一体化概念体系并进行量表开发。以机会-资源一体化为研究视角，构建机会与资源作用关系模型，并就政府和市场强弱关系组合及特定行业背景下的机会-资源一体化行为进行分类研究；从知识视角揭示了创业学习机制，进而探究其与创业行为的作用关系；构建创业能力概念体系，探究创业学习到创业能力的转化机制；系统研究了创业战略的概念内涵及特征，并构建创业战略模型，进而深入探究机会、资源与创业战略选择的关系。该项目 LCOR 创业模型的构建，与 Timmons 模型互为补充，拓展和深化了创业行为理论。此外，该项目提出创业战略往往是在过程中形成的，同时提出创业战略是重行动、淡战略的过程。创业战略是活动积累的结果，这一结论是对传统创业战略理论的扩展。

（四）中国企业变革赋能行动理论

浙江大学王重鸣项目团队完成的重点项目"基于并行分布策略的中国企业组织变革与文化融合机制研究"，针对中国企业转型升级、全球创业、科技创业、云端运营、"互联网+"以及数字智能等重要实践问题，运用双栖演化行为策略和并行分布决策策略，以"文化竞合适应—团队决策选配—组织行动发展"为组织变革演进框架，通过深度案例分析、神经实验验证、专题问卷测量、企业数据库建模和现场准实验等一系列实证研究方法，创建了基于动态变革的问题驱动方法论和变革赋能行动理论。该理论包含三大维度：责任适应维度—创业社会责任理论，决策选择维度—前瞻警觉决策理论，赋能发展维度—创新赋能行动理论，以及基于两栖策略的变革文化融合三重机制等理论创新及其应用方法，这些理论和方法形成了中国企业变革赋能行动理论体系。该项目针对战略新兴产业发展、互联网与数字化转型、家族企业发展、企业国际化战略、企业转型升级和创业创新生态系统实践等当前典型的变革实践问题开展应用策略开发研究工作，并创建了包含 80 项案例的创业组织变革案例库和组织发展工具库。

（五）中国企业自主创新追赶理论

浙江大学吴晓波项目团队完成的重点项目"中国企业自主创新与技术追赶理论研究：模式、机制与动态演化"在长期扎根中国管理实践的基础上，通过对 20 家典型企业为代表的跟踪式纵向案例研究的深度分析，系统研究了复杂多变和具有中国特色的制度转型、跨范式技术体制、多层次市场空间及新兴的全球网络与价值网络的中国情境下中国企业在范式转变的新构念"超越追赶"，并从技术范式转变和价值网络重组两个维度创新性地提出了基于自主创新的超越追赶模式，从技术追赶和市场追赶两个维度，丰富了对超越追赶内涵的诠释，积极探索中国企业技术追赶的模式、机制及创新能力演化规律，从而构建了超越追赶的管理机制。该项目进一步从知识产权控制和市场控制两个维度深度分析了超越赶超的非线性学习机制、迂回路径选择、迂回创新模式和创新能力要求，从而形成了超越追赶的新理论体系。

（六）中国本土和谐管理整合理论

西安交通大学席酉民项目团队所完成的重点项目"建构中国本土管理理论：话语权，启示录与真理"，基于情境依赖、主体互动的假设，深入研究与阐释了中国管理情境下领导资源获取的不同方式及领导资源偏好的一般特征，并围绕网络经济下资源与商业模式的新含义以及企业竞争优势的新来源，探索了组织适应新技术的背景和实现可持续发展的机制。项目研究取径多元范式，尝试了新的研究方法，从中国实际现象出发，让问题决定方法，从系统、批判性思维看待组织管理问题，并针对管理理论的基础问题和中国管理理论的构建进行了探索。该项目在组织应对环境复杂性的组织模式与动态机制、高新技术环境下的组织创新机制、组织与复杂环境及场域的互动机制和组织内部网络化的自治协作机制诸多方面取得创新，对于破除中国管理研究的单一范式之弊很有启发。

二、重点项目群的理论创新如何炼成

过去五年的重点项目群的探索与实践取得了宝贵的经验，主要表现在三个方面。

（一）专家指导与团队协同

重点项目群的设立，是国家自然科学基金委员会管理科学部的一项创新尝试，旨在集合一批国内的重量级学者投身于研究中国管理实践，提出中国管理理论创新的重要过程。重点项目群怎样才能充分整合优势和聚焦管理理论创新呢？由于重点项目群由多支跨领域的研究团队组成，如何强化多团队协作就成为新的探索。增强团队协作的创新方法是开展年度重点项目群团队交流与分享研讨会。来自多个重点项目群团队的海内外杰出专家学者就基于中国管理实践的理论创新研究这一重要专题进行报告、研讨和交流。

国家自然科学基金委员会管理科学部的创新做法是特邀了 5 位工商管理相关领域的国内外知名学者担任专家，成立了重点项目群专家指导组，对年度项目研讨会开展指导。各位指导专家对项目团队的研究进展汇报进行深度点评、热情鼓励并提出建议。清华大学的赵纯均教授、弗吉尼亚大学的陈明哲教授、南京大学的赵曙明教授、北京大学的武常岐教授、厦门大学的吴世农教授等专家指导组成员，在多次年度项目进展研讨会和中期检查会期间，先后就中国理论与管理实践的关系、中西方理论的对话、研究问题的聚焦、理论思路的精炼，乃至如何发挥研究成果的应用价值等问题和各项目团队进行了热烈的建设性讨论。他们在认真听取和审阅了各个重点项目的进展研讨中，指导各项目研究工作，建议各项目通过实证分析、案例研究、实验验证、脑电神经建模等多种研究方法，提炼中国管理实践理论，促进交叉领域间交流，深化理论进展和提升研究成果落地应用的方法。特别是勉励项目团队拥有一颗企图心，敢于尝试，敢于冒险，努力在理论创新上取得突破。

在此过程中，还就项目群指导专家组的成立、运营方式，项目群实施过程的协调、组织与管理机制进行了深入细致的讨论，形成了实施过程管理的相关约定。每次重点项目群年会，都发挥了沟通研究进展，分享新思想与新见解，探讨遇到的问题、困难以及合作需求等作用，显著推动了重点项目群的研究目标的最终达成。通过对各自科学研究和实践经验的分享，分阶段对促进中国管理实践的理论创新、中国企业的转型与超越、中国企业家的赋能与成长做出重要贡献。

（二）问题驱动与创新方法

"基于中国管理实践的理论创新研究"重点项目群，旨在以中国企业与组织的重要管理实践为研究对象，充分发挥管理学多学科领域合作研究的优势，多视角深度探索中国企业与组织管理的成功因素、作用机制、持续发展、演进机理，研究复杂多变和具有中国特色的制度、经济与文化环境下中国企业/组织的管理模式、行为模式与成长发展模式和建模理论，管理创新机制及其演化规律，提升我国管理学基础研究和理论的原始创新能力。

为了达成这一目标，各个项目团队强化问题驱动，创新研究方法，努力融汇中西理论，连通古今文化，创造性地开展基于中国管理实践的理论创新研究，为中国乃至世界的管理理论作出很大贡献。

1. 定性分析与定量研究相结合

在"中国企业战略领导力研究：集体领导力的理论模型及有效性"项目的研究中，在理论思路构建的基础上，采用量表开发方法，识别与检验集体领导力的关键维度结构和测量方法，并通过实证方法检验其区分效度与聚合效度，以问卷调查方法验证了集体领导力对于绩效的预测效应。在"中国转型经济背景下企业创业机会与资源开发行为研究"中，项目团队综合运用分类案例分析与问卷调查，发现动态平衡灵活型知识整合和效率型知识整合对于提升高技术企业绩效具有显著作用，而灵活型与效率型知识整合则有助于高技术新创企业弥补创业能力。

2. 经典演绎与理论视角相整合

在"中国企业/组织管理理论创新研究"项目中，综合演绎中国古代经典理念，聚焦新型理论视角拓展，有效地整合了双元理论、动态视角、国际化视角、复合式视角，提出与检验了"合"理论，创新地解释为什么拥有普通资源和能力的中国企业能够实现成长的关键问题。在"建构中国本土管理理论：话语权，启示录与真理"研究中，项目团队因循和谐管理的研究足迹，以中国本土管理实践为出发点，尝试了一系列"宏观、中观经验理论"的本土建构，推进了和谐管理理论作为元理论、经验理论的体系化。

3. 问题驱动与多维实证相聚合

在"基于并行分布策略的中国企业组织变革与文化融合机制研究"项目中，首创问题驱动、情境嵌入、机制聚焦的新方法论，通过深度案例研究、脑神经认知实验、准实验现场实证等多构思多方法，聚合式验证了变革赋能行动理论的责任适应、决策选择和赋能发展三维理论体系及其三重演进机制。在"中国企业自主创新与技术追赶理论研究：模式、机制与动态演化"项目中，运用深度案例跟踪方法，建构了制度、技术、市场、网络四维情境下的自主创新的知识产权控制与市场控制两个分析维度，从而验证了超越追赶理论的多维体系及其动态演化机制。

（三）策略构建与成果应用

"基于中国管理实践的理论创新研究"重点项目群显著推动了各校的科研能力建设与专业队伍培养，并且对中国特色的管理实践应用具有重大的指导意义。

清华大学杨斌、杨百寅项目团队在研究策略上体现出概念构建、测量开发、变量定位、机制检验的严谨方法论运用和集体领导力在多类企业的应用；中山大学陆亚东项目团队通过创造性地利用"合"理论（包括复合、联合、相合、结合），提出了中国企业增强自身竞争优势或弥补其劣势的策略；浙江大学的王重鸣项目团队强调通过长期承担项目研究而增长团队创新能力与研究模式变革精神，并在变革赋能行动理论的应用上创建了创业组织变革案例库和组织发展策略库；吉林大学蔡莉项目团队和浙江大学吴晓波项目团队都运用深度纵向案例分析方法，在聚焦理论建构基础上提炼出中国企业的创业创新模式与策略；西安交通大学席西民项目团队则通过多元范式，从中国实际现象出发，让问题决定方法，并从系统、批判性思维看待组织管理问题和探讨管理理论范式及中国管理策略的开发。

让我们检阅本系列专著的组织管理理论创新成果与应用价值：中国企业集体领导力、中国管理"合"理论体系、中国企业创业机会资源论、中国企业变革赋能行动论、中国企业超越追赶论、中国本土管理理论。从国家自然科学基金委员会管理科学部资助的首个重点项目群的研究与应用成果来看，理论创新与策略应用紧密结合，源于中国管理实践，用于指导新的实践，正在取得持续的创新成效！

重点项目群专家指导组

2018 年 6 月

目 录

第一篇 概 念 篇

本书立足中国企业管理实践，提出了集体领导概念，聚焦以一把手为核心的企业领导团队，从现象阐述到概念提炼、从理论扎根到实践分析，系统地探讨这一管理现象，以期为研究人员和实践工作者打开一扇新的认识中国企业领导的大门。

近年来中国企业快速发展，管理理念推陈出新，丰富的管理实践为管理理论研究提供了大量素材。管理理论源于实践，也指导实践。当代学者从不同角度分析企业管理实践，提出了一系列新的理论概念，如和谐领导、辩证领导、悖论领导等。对管理理论的拓展与反思不仅有利于管理理论的完善，而且有益于企业的经营发展。

面对挑战，领导者可以运用集体智慧引领企业达成绩效目标，当然领导者也可凭借个人卓越才能帮助企业渡过难关，那么究竟哪种领导方式更有效呢？现实中，似乎并不存在一整套最佳的企业管理实践集合。在管理手段丰富多样、过程复杂嬗变、结果难以预测等诸多"不确定"（不确定的管理实践）中寻找"确定"（确定的管理理论）即体现管理之美。

第 1 章
团队合作　集体领导

高　昂　王　念

　　一马当先还是万马奔腾？团队合作模式为人类社会中的各种组织普遍接受，当代组织领导力已经超越个体限制，同心协力的领导班子作为一个整体同样可以拥有领导力。现有关于领导力的研究往往关注领导个体，集体领导实践虽然广泛存在于中国各类企业中，然而极少引起管理者的关注。那么，集体领导力是否存在且有效？集体领导力与个体领导力有哪些区别与联系？我们不妨先回顾现有集体领导力的主要定义与产生的时代背景，明确集体领导力的基本概念、内涵、必要性及优势，辨析集体领导力与相关领导力概念的异同，厘清个体领导与集体领导的辩证关系。

1.1　选择：一马当先引领，万马奔腾共赢

　　改革开放 40 多年来，中国经济迅猛发展，经济体制改革的稳步推进及市场经济的逐步深化为我国企业发展创造了良好环境。中国企业联合会、中国企业家协会发布的数据显示，2019 年中国企业 500 强的营业收入总额达到 79.10 万亿元，较上年 500 强增长 11.14%，总利润 4.48 万亿元，比上年 500 强增长 20.7%，资产总额达到 299.15 万亿元，较上年 500 强增长了 9.08%。从宏观方面看，中国企业的蓬勃发展得益于经济体制与市场环境；从微观方面分析，当代企业领导集体功不可没。从改革内部生产方式到打造外部营运平台，从整合本地人才资源到拓展外部融资渠道，从开发国内消费市场到创立国际服务品牌，在企业发展中领导集体做出了重要贡献。

　　东风汽车、招商银行、青岛啤酒等企业品牌在中国可谓是家喻户晓，但这些知名企业的领导者大众并不熟知。放眼全球，很多卓越的企业却无一例外地与优秀个体领导者的名字联系在一起，如苹果公司的史蒂夫·乔

布斯、通用电气的杰克·韦尔奇、英特尔公司的安德鲁·格罗夫。总体而言，人们似乎更愿意将企业（又称组织）的成功归功于领导集体而不是某位英雄领导者，追本溯源，我国诸多企业在一定程度上更依赖领导集体的智慧成就辉煌。一些企业如中国航空工业集团有限公司、上海商用飞机有限公司，虽然并不为广大普通百姓所熟知，但是这些企业与东风汽车、招商银行等都有着相同的特点，它们都是在强有力的高层班子的集体领导下，取得了国际领先的成就。集体领导广泛存在于各类组织之中，百度中文检索"集体领导"一词显示出约 4550 万条结果，而相关管理研究的匮乏的确令人感到遗憾。

管理理论常常落后于实践，中国管理科学的发展应该从"照着讲"转变为"接着讲"。"照着讲"指的是中国管理科学工作者将西方开发的概念和理论（如变革型领导）引入中国企业管理的研究和实践中；"接着讲"就需要我们分析中国企业管理遇到的具体问题，并结合社会文化特殊情境进行深入研究。中国企业集体领导的特征、形成机制及其有效性浓缩地体现了当代社会主义的文化精神，业已发展成为具有中国特色的领导行为模式，只是目前尚未引起理论工作者足够的重视。扎根中国企业管理实践，总结当前企业集体领导的实践经验，从理论和实践角度全面了解中国特色的企业领导理论体系，既有利于管理者规避简单模仿可能存在的风险，又能够促进我国各类组织的健康成长，实现跨越式发展。

1.2 源起：延续革命传统，指导企业经营

当代中国企业集体领导源于中国共产党的实践探索。1927 年中共五大通过的《组织问题议决案》指出："中央应该强毅地实行集体的领导，从中央省委以至支部"，集体领导制首次被明确提出。1945 年中共七大在延安召开，一中全会上，毛泽东、朱德、刘少奇、周恩来、任弼时当选为中央书记处书记，以毛泽东为核心的中国共产党第一代中央领导集体正式形成，带领中国人民取得新民主主义革命的伟大胜利，于 1949 年成立了中华人民共和国；1978 年中共十一届三中全会召开，形成了以邓小平同志为核心的党的第二代中央领导集体，全面启动经济体制改革；党的十三届四中全会以后，以江泽民同志为核心的党的第三代中央领导集体带领中国人民深化体制改革，坚持以经济建设为中心，全面建设小康社会。

在政治学上，集体领导制是领导方式的一种，在中国指由多人组成的中央政治局常委会及其集体领导机制，即在决策上由一个集体或机构整体

负责。若论广义的集体领导理念，其或可追溯至春秋时期即已形成的宰辅制度，最初由宰相辅佐君主统筹管理全国行政事务，自西汉以后长期发展形成的三省六部制已有"集体"的味道。1992 年以后，中央正式对集体领导制进行体制改革，形成集体领导与领导核心相结合的"政治局常委会制"。就权力组织而言，是由"领导集体"掌握国家权力；就权力机制而言，是对党和国家事务进行"集体领导"。中国特色集体领导制度通过集体分工协作机制、集体交接班机制、集体学习机制、集体调研机制和集体决策机制等五大机制有效解决了国家机构的协调运行问题①。

　　"集体领导，民主集中，个别酝酿，会议讨论"集中反映了我国政治领域集体领导的核心思想，国有企业成为该领导思想的直接践行者。正如毛泽东于 1948 年在《关于健全党委制》所述："党委制是保证集体领导，防止个人包办的党的重要制度。"国有企业党组织建设将企业集体领导落到实处，领导班子建设成为各大国有企业建设的重中之重。我国诸多民营企业及混合所有制企业在成长与发展中，也体现出了集体领导的智慧。联想集团创立发展至今，柳传志居功至伟，创业阶段领导团队中倪光南同样功不可没；伴随伊利集团所取得的辉煌，总裁郑俊怀走进了大众的视野，伊利集团 80% 的营业收入来自牛根生主管的部门；华为集团从弱到强，崛起成为通信领域的全球知名企业，任正非备受瞩目，走进华为方知企业董事长兼常务副总裁孙亚芳与总裁任正非两人一柔一刚，发挥出了集体领导的优势。集体领导已成为我国企业中广泛存在的一项行之有效的企业管理实践，在各类组织发展中发挥着不可替代的重要作用。

1.3　发展：统驭企业发展，彰显集体智慧

　　翻阅领导力经典著述，我们可以按照时间发展将领导力的探讨粗略划分为四大流派：特质论、行为论、权变论、复杂论。领导特质理论侧重强调领导者个人的品质和特性，具有某些特点的个体注定会成为一位优秀的领导者，在谈到美国的林肯总统时，人们或多或少都会把他的丰功伟绩与他正直的性格及 193cm 的身高联系起来。但大家逐渐意识到拿破仑身高165cm、列宁身高 164cm、斯大林身高 162cm 等，人们在这些领导者身上发现了一些相似的领导方式，因此学者开始致力于探讨领导者的具体行为对下属产生的不同影响，进而寻找最佳的领导方式，如美国俄亥俄州立大

---

① 胡鞍钢. 2013. 中国集体领导体制. 北京：中国人民大学出版社.

学的研究者提出的"关怀-定规"二维模型及美国管理学家布莱克和穆顿提出的管理方格图等为大众所接受。俄亥俄州立大学提出的领导力模型中，所谓关怀（consideration）即指领导给予下属信任与尊重，所谓定规（initiating structure）即指领导为下属制定有关其地位、角色、工作的规章或流程，如此即可按照"高-低关怀"和"高-低定规"的不同组合将领导风格分为四类。管理方格图（management grid theory）是一幅纵轴和横轴各 9 等分的方格图（图 1.1），纵轴反映领导对下属的关心程度，横轴反映领导对下属业绩的关心程度，组织中领导的行为通常表现为"关心生产-关心人"的某种组合。领导行为理论隐约打破了特质理论所蕴含的"领导力由先天因素决定"的假设，并向社会传递出一种信息，即个人通过努力可以习得领导技能，进而成为卓越的领导者，这也更加契合社会大众的心理诉求。随着管理实践的积累及领导理论的发展，人们慢慢意识到这个世界上可能并没有"最佳的领导实践"。危机发生时，过度的授权可能会带来混乱，领导者集权专断反而可能力挽狂澜，为自主性强的下属创造宽松的工作环境，可能有助于他们更好地完成工作，而对于那些自主性较差的下属来说，宽松无压力的工作环境则可能会减弱他们的工作热情，权变领导理论强调领导的有效性由领导者、被领导者和情境条件共同决定。

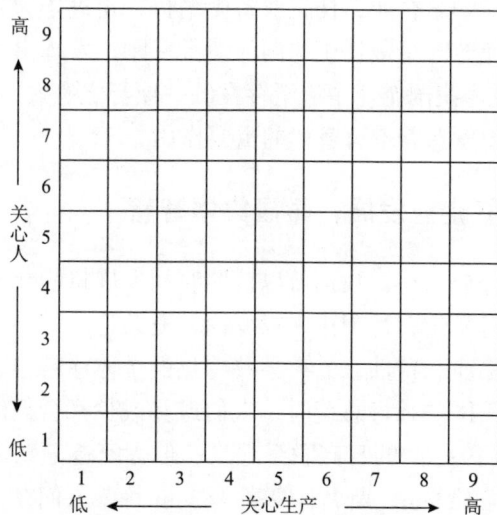

图 1.1 管理方格图

近年来，领导力研究领域正呈现百花齐放的局面，关于领导个体特质、行为方式、情境互动的研究同步推进，我们且称之为领导复杂理论。无论如何，领导者个人总是处于关注的中心，他们的个人特质、个人风格、个人关系、个人社会网络特征等，都被广泛研究。以动态发展的眼光审视企业所处的市场环境，我们必须承认企业领导者正面临着巨大挑战。举例来讲，企业内部领导者的集权有利于提升组织效率，而授权则有利于调动下属的积极性。笔者的研究表明，集权与授权所产生的影响在企业不同发展阶段呈现出不同的有效性。另外，企业不同发展阶段也需要在个体专业能力与团队协作之间找到适当的平衡策略，企业产品开发者需要具备相应专业技术管理能力，运营推广者则需要具备较强的人际交往能力，领导者在统驭企业发展过程中，逐渐意识到团队作战的优势。近年来，管理科学研究者开始研究团队中的分布式领导力（distributed leadership）或者团队中的共享型领导力（shared leadership）。这些研究的情境都是基于基层团队中普通员工的领导力，认为团队的领导力是建立在正式领导者的授权并受其监督之下的。现有的从战略角度出发对高层管理团队进行的研究大多是基于高阶领导理论，这些研究普遍采用了"CEO 领导下的高层管理团队"的权力框架。这些战略管理研究者经常把首席执行官（chief executive officer，CEO）和高管团队（top management team，TMT）当作两个实体进行研究，CEO 是凌驾于高管团队之上的，很少有研究把 CEO 和其他高管团队成员看成一个整体来研究他们的领导力，在权力平等基础上的高管团队集体领导力研究则更为罕见。下面，我们详细阐述集体领导力与现有团队层面领导力概念的区别。

（1）功能型团队领导力（functional team leadership）。McGrath 认为，团队领导者应该关注团队任务的完成情况和团队成员的需要[1]。基于这种认识，功能型团队领导力模型关心的是领导者应该具备的各项能力，而不是领导者具体的做事风格。现有文献总结的能力有：监控团队绩效和团队情境，以便发现对团队有效性存在威胁的事物；指导团队成员的活动；教导、培训团队成员应具备的技能和知识；激励团队成员，提高凝聚力；参与完成团队任务。笔者认为，功能型团队领导力明确提出了领导者应具备的能力，这样在某项能力上就为如何成为有效的团队领导者打下了基础。换言之，虽然此种理论在主体方面是以领导者个人（而不是团队整体）为中心的，它为后续构建团队领导力模型（如共享型领导力、分布式领导力和本书研究的集体领导力）提供了理论前提。

---

[1] McGrath J E .1962. Leadership behavior: Some requirements for leadership training. Washington, D.C.: US Civil Service Commission Office of Career Development.

（2）共享型领导力。共享型领导即"在团队成员之间的一个动态交互的影响过程，其目的是让成员们互相领导以达成团队目标"[①]。事实上，共享型领导与垂直型领导并不冲突，两者是相辅相成的。共享型领导力的实质是由团队中多个成员担任或者转换领导者的角色，其目的是更好地发挥每个团队成员的长处以完成团队目标。在每个特定时刻，有哪些团队成员担任领导者角色是由团队成员的技术特长和当前的环境条件决定的。

与共享型领导力相关的概念是分布式领导力，它强调领导角色是轮替的。这两种领导力理论都是强调关注基层团队，而不是高管团队。它们强调根据个人的知识特长来在某些特定情况下担任领导角色。共享型领导力和分布式领导力都基于团队成员个人的领导力涌现（emergent）。有研究认为，共享型领导力并不一定要求所有的成员都享有平等的地位，在团队内部可能仍然存在垂直的上下级关系。具体来说，在医疗急救团队里面，领导力是共享的，但这种共享是基于一种上下级关系，不是针对个人的共享领导力系统。年资较长的领导会快速地把活动中的领导角色（active leadership role）分配给年资较短的领导，同时能很快地收回这些领导角色。领导的权力不和个人挂钩（de-individualized），当任务发生变化时，每个团队成员都有可能成为领导，并随时可能被收回权力。这种动态的权力下放（dynamic delegation），有助于团队很快地适应新的任务，同时那些新成员能快速地成长起来。一些学者发现，能够促进动态权力下放的因素有：工作习惯、传统和价值观；其他组织成员的配合；对完成任务时间的要求和对人员离职的了解。

（3）高管团队的行为整合（behavioral integration）。从战略管理的角度来看，高管团队的行为整合包括三个维度，即信息交流、合作行为和共同决策。具体而言，该理论强调：高层管理者应该及时地、准确地、广泛地分享信息资源；在遇到难题时，成员彼此间能够相互帮助，通过灵活调整角色、主动分担工作来共同应对挑战。此外，在日常工作中或共同决策时，鼓励大家充分交流并认真对待团队中产生的不同意见，同时要求团队成员换位思考，真正了解团队的目标和彼此的期望。高度的行为整合可以让高管团队保持创新和良好的绩效，无论是国有企业、民营企业还是外资企业，高层领导在工作中若能有效沟通、彼此协调，多是令人欣喜的。行为整合注重的是高管团队成员的交互关系，而非团队的整体领导力。

---

① Pearce C L, Conger J A.2003. Shared leadership: Reframing the how's and why's of leadership. Thousand Oaks, C.A.: Sage Publications.

1.4 融合：多元文化交融，孕育集体领导

领导有效性与社会文化息息相关，我国当下正处于文化发展的交叉路口，西方哲学思想、中华优秀传统文化及习近平新时代中国特色社会主义思想并存，这三种思想影响着中国企业的领导实践。回顾我国以往有关领导力理论的研究，可以将其粗略划分为国际化与本土化两大流派：前者将西方领导理论引入我国，在原有理论基础上进行适当修订以描述中国企业领导现象，指导管理实践，如变革型领导理论的引入；后者扎根中国企业管理实践，开发并提炼本土企业领导概念，丰富中国管理理论，如家长式领导理论的兴起。当然我们也可从文化视角解读当今中国社会的领导行为，具体分类见表 1.1。

表 1.1 中国当代领导行为研究及其文化基础[①]

研究内容	具体文化基础		
文化基础	西方文化	传统文化	革命文化
领导方式	变革型领导 授权型领导 真实型领导	家长式领导	集体领导
组织实践	个人主义	官僚（科层）主义	集体主义
组织价值	利润最大化	社会和谐	共同利益
企业性质	外资企业/合资企业	个体企业/民营企业	国有企业/集体企业
所有制	个人私有制	家庭私有制	公有制
文化本质	理性与分析	仁义和道德	理想和精神
治理模式	以法治为基础	以德治为核心	以政治为引领

（1）西风东渐与企业领导。改革开放以来，传统计划经济体制被打破，外资企业与民营企业相继出现，随着市场经济体制的发展，私有制与公有制并存于中国社会，与此同时西方管理思想也传入中国。现代领导力研究源于西方，西方领导理论同市场经济体制一并传入中国，其中变革型领导理论备受关注，国内管理学者相继开展研究探讨其在中国情境下的有效性，如李超平与时勘两位学者结合中国企业管理实践对该理论进行了研究，尝试将该理论本土化，发现并补充了德行作为变革型领导的一个重要维度。这个研究也间接证明了表 1.1 中国当代领导行为研究及其文化基础中所表

---

① 杨百寅，单许昌. 2018. 定力：中国社会变革的思想基础. 北京：北京大学出版社.

达的一个重要命题，即中华优秀传统文化对当代中国企业领导风格和管理行为仍然有着非常重要的影响，尤其反映在领导者的道德楷模方面。

（2）中华优秀传统文化复兴与企业领导。以儒家思想为代表的中国传统文化历经千年不衰，随着社会的发展，中华优秀传统文化在当代仍保有旺盛的生命力。针对传统儒家文化，华人管理学家徐淑英曾指出，等级、服从、自控、人情相互影响共同存在，构成社会道德文化基础。基于中国传统文化思想，台湾及香港等地学者发展并提出了家长式领导概念——彰显父亲般的仁慈与威严，并具有道德的无私典范。这种领导风格指的是，在传统文化背景下所显现出来的具有严明纪律与权威、家长式的仁慈及道德廉洁性的领导方式，具体可划分为威权领导、仁慈领导、德行领导等三个维度。家长式领导扎根于中国传统文化，其广泛存在于企业、学校、军队等各类组织之中。研究表明，在控制变革型领导行为后，家长式领导仍具有有效性。近年来，国内学者开始关注家长式领导的理论和研究，积累了一批实证研究的有益成果。研究者普遍认为家长式领导反映了华人社群独特的文化特征，其对个体态度及行为、团队互动、组织绩效均表现出较强的解释力。然而，国外学者指出家长式领导的研究还比较滞后，研究结果也不一致，许多领域还有待探索。这说明基于本土管理实践的领导力研究还有很长的路要走，理论创新更需要加强。

（3）集体主义与企业领导。中国当代集体主义实践源于社会主义革命和建设，后者曾强调要把社会作为一个整体占有并控制生产资料，然后基于公众利益分配劳动成果。这种集体主义思想反映在中国管理实践中，即部分体现为集体领导。综述我国已有集体领导研究的相关文献，发现目前国内此类研究尚处于初级阶段，以围绕党政系统集体领导的定性讨论为主。肖一平和施友松总结了民主革命时期党的集体领导制度建设的特点和经验教训，提出集体领导应建立在党内民主之上，适应现代化建设需要，并强调集体领导的制度化建设，通过强化党内监督根除专断集权现象[①]。杨留记和袁俊宏针对党的集体领导制度的形成过程进行总结，系统回顾了集体领导制、分工负责制的提出与发展[②]。田兆阳论述了行政首长负责与集体领导的关系，指出我国行政首长负责制兼备委员会制度所具有的优势，而且具有重视发挥领导合力的特色[③]。谢撼澜总结运用毛泽东思想来论证集体领导

---

① 肖一平，施友松. 1988. 民主革命时期党的集体领导制度述评. 中共党史研究，5：29-32.

② 杨留记，袁俊宏. 1991. 党的集体领导制度的形成与发展. 中共党史研究，4：77-80.

③ 田兆阳. 2001. 行政首长负责制与集体领导. 新视野，6：38-42.

是我党完成任务的保证，是民主集中制和党内生活正常化的保证，并总结概括了毛泽东有关建设落实集体领导的基本构想[①]。王春玺总结回顾了以邓小平同志为核心的党的第二代中央领导集体对集体领导建设落实所做出的贡献[②]。从整体上看，我国已有集体领导研究基本停留在定性分析层面，缺乏扎实的科学定量分析。

尽管源自西方个人主义的领导理论、扎根中国传统文化的家长式领导概念，以及与社会主义息息相关的集体领导思想和实践来自不同的文化思想，但三者各自研究及发现的中国领导者行为并非相互排斥。例如，变革型领导的本土化发展使其在德行领导方面与家长式领导概念出现重合；家长式领导理论强调恩威并施以德服人，中国企业中也存在领导分饰威权与仁慈角色的现象，这其中还涉及集体领导的概念。中国集体领导扎根本土实践，与西方的由个人扩展到团队领导力的相关概念（如共享型领导力）有很大不同。

1.5 聚变：发挥集体优势，引领企业发展

高层管理团队的组成特点和高层管理者的个人特征与公司绩效息息相关。在对高阶领导理论的探讨中，绝大多数管理者和研究者只涉及容易观测的领导者人口学变量（如性别、年龄、教育水平等），而并未直接对领导者的心理特点、认知、价值观等进行测量。所以，目前我们还未能系统地了解到高层管理团队具体是如何运作的，以及团队成员之间是如何互动的。从心理学角度出发，DeChurch 等学者研究了 1985—2009 年的领导力文献，发现了以下几个主要的研究方向：领导特质、领导行为（权变理论）、变革型领导、领导—成员交换理论、共享型领导[③]。他们发现，现有文献中很少有研究关注于团队层面的和组织单位（unit）层面的涌现过程及其结果。

从战略管理角度出发，高层管理团队的研究大多是依据高阶领导理论展开的。Hambrick 认为，一个组织是由它的高层管理者的特点来决定的，他建议我们观察和测量领导者的个人特点与团队组成特点，进而基于这些特点推断个人和集体的战略决策效果[④]。尽管 Hambrick 等提出的高层管理

---

① 谢撼澜. 2008. 毛泽东关于集体领导的思想探析. 党的文献，4：39-41.

② 王春玺. 2008. 邓小平对建立中共中央总书记制与集体领导体制的贡献. 政治学研究，6：73-79.

③ DeChurch L A, Hiller N J, Murase T, et al. 2010. Leadership across levels: levels of leaders and their levels of impact. Leadership Quarterly, 21(6): 1069-1085.

④ Hambrick D C. 1994. Top management groups: A conceptual integration and reconsideration of the "team" label//Staw B M, Cummings L L (Eds.). Research in Organizational Behavior, 16: 171-213. Greeenwich, C.T.: JAI Press.

团队行为整合强调高层管理团队共享信息、共同决策、相互协作，然而这个概念仅是关心团队成员的交互过程，而不是团队的集体领导力。例如，有研究发现行为整合和责任分散（decentralization of responsibilities）是两个相互关联但却是不同的变量，当 CEO 独掌权力并主导高管团队的战略决策的时候，这样的团队仍然可以达到行为整合，但这是一种基于纵向权力与影响的整合，它不同于集体领导力所主导的那种横向的领导过程。

　　我国管理科学领域有关领导力的研究起步较晚，随着中国经济的稳步发展，中国管理现象得到了国际社会越来越多的关注。西方管理研究的溢出效用在推动中国领导研究进步的同时，也限制了本土理论概念的发展。领导理论研究中蕴含着大量西方概念，本土化研究并未引起足够的重视。笔者将中国当代常见领导行为理论进行了整理（表 1.2），发现集体领导理论研究相对匮乏。对于国内管理实践者来说，学习总结中国管理实践、体悟本土领导理论并将其运用于企业的实际经营管理中，是极具价值的事情。

表 1.2　中国当代领导行为理论比较

领导实践	特质、行为理论	领导关系视角	群体领导视角	集体领导理论
领导方式	变革型领导 授权型领导 真实型领导	领导-成员交换 社会网络结构	分布式领导 共享型领导 团队行为整合	集体领导
领导实体	个体	关系	群体	团队
决策模式	或民主或集中	领导-成员互动	民主	民主集中
效用层次	战略层次、团队层次、个体层次	团队层次、个体层次	战略层次、团队层次	战略层次
管理情境	多变	多样	复杂	复杂多变

　　集体领导——企业管理的核聚变装置。观看一些美国漫威电影工作室出品的电影时，不知您可曾注意到镶嵌在"钢铁侠"盔甲中心的方舟反应堆，其实它就是一个小型的核聚变装置！在通电的时候，装置的内部会产生巨大的螺旋形磁场，将其中的等离子体加热到很高的温度，以实现核聚变。集体领导正如聚变反应堆，仅需适当的"电流"刺激，即可为企业经营发展提供源源不断的动力！有着共同理想和价值观的领导集体在民主集中制下分工合作、集体决策，以实现集体利益最大化。

　　集体领导的优势在于团队协作与集体决策。团队协作的价值显而易见，如俗语说"三个臭皮匠，赛过诸葛亮"。复杂多变的管理情境对领导团体提出了更多、更严峻的挑战。以当代医院管理为例，医院组织的领导者不仅要处理好医疗技术问题，还要提升运营水平实现盈利，同时需要注意管理者的道德修养水平需匹配社会大众的诉求以做好舆论工作。企业经营也是相同的道理，面对激烈的市场竞争环境，若不能勇于创新开拓进取，则只能"原地待死"；若未掌握创新诀窍缺乏驾驭创新的本领，而一味冒险则无异于"主动寻死"。这也仅仅是企业外部经营所需应对的问题，企业内部运营体系的理顺即人才战略推进均需要具备相应的知识，至少需要管理者付出相当的精力加以管理，仅仅依赖某一位领导者的才智和资源，很难驾驭如此复杂的局面。领导团队相互协作不同于领导群体行为整合，它并非简单的"1+1=2"的叠加汇总，而是合理分工、协同互助，可以最大限度地发挥团队优势。

集体决策过程表现为领导团队广泛征集意见、充分开展讨论、达成基本共识，最终集体表决并坚决执行。考虑到集体中的每位领导者，其成长经历不同、专业领域不同、所属部门利益不同，就企业发展的具体观念难免会有差异，如搞"一言堂"，不仅会挫伤其团队成员的工作积极性，也会因错过集思广益后系统把握问题的机会，因而集体内部充分商讨就变得十分重要了。但如果任其自由讨论，难免会陷入"群龙无首"的困境。高效的领导团队需要一位称职的负责人，秉承求同存异的原则，最大限度地争取共识，并在此基础上协调全体领导成员共同决策，即可保证决策制定后的贯彻落实。如此来看，集体决策不仅可以发挥团队智慧、调动成员积极性，还能保证具体决策的后续执行落地，可谓一举两得。

第 2 章
合理分工　群策群力

杨百寅　佘卓霖

"集体领导"这一词汇在国有企业管理中很早就被提出了，但在现有组织管理理论中，尚未有基于集体主义文化背景和中国本土管理实践的领导力理论的分析提炼。中国的领导力实践需要扎根中国社会文化背景的理论进行指导，因此笔者对集体领导力的理论基础进行了深入的探讨，以此归纳集体领导力的理论依据和实践基础。具体而言，本章从文化视角出发，将集体主义文化理论与决策理论整合起来，构建集体领导力的三维理论模型。本章还将集体领导力与西方组织管理文献中相近的领导力概念进行了分析比较，以建立中国特色集体领导力理论的研究基础和管理实践的内在逻辑。

2.1　基石：秉承集体主义，推进团队决策

组织管理领域将领导力定义为领导者通过变革的手段影响下属从而实现共同目标的过程[①]。在这个领域的早期，俄亥俄州立大学和密西根大学都提出了二维构面理论又称为领导双因素模式，即领导力需要从任务和人际关系两个维度展开研究。换言之，领导力涉及领导者两个方面的能力：一是人际关系能力，即领导者如何去影响下属；二是处理工作能力，即领导者如何去建立并实现共同目标。我们在本书提出的集体领导力是指"建立在集体主义价值观基础之上、具有合理分工的领导团队，通过一定的团队内部整合流程影响他人以达成组织目标的能力"。集体主义文化理论可以阐述领导团队成员之间的关系，即"人际关系"的问题；团队决策理论可以

---

① Robbins S P, Judge T A. 2012. Organizational Behavior. New York: Prentice Hall.

解释领导团队"处事方式"的问题。笔者将两个理论进行整合，构建了一个研究集体领导力的整合理论框架。

2.1.1　集体主义文化

集体领导力的内在逻辑是一个组织的管理团队在集体主义文化背景下形成的有效领导力。学术界对于领导力文化属性的研究包括两个流派：普适性流派认为，有效的领导力在任何文化情境下都能够发挥同样的作用。譬如，在任何文化情境下，具有魅力的领导者（如毛泽东、列宁、丘吉尔等）都能够充分调动追随者，发挥领导者的号召力。文化流派则认为，领导力根植于文化之中，在不同文化情境下，领导力的内涵存在很大不同。譬如，西方文化情境下的领导者强调授权、自由、平等等价值观念，而中国传统文化强调以家长制为主体的权威领导，即领导者树立绝对的权威，要求下属服从。

笔者认为，领导行为是脱胎于其所在地域的文化情境之下的，任何一种领导行为都从一定程度上反映了其所在地域的文化。家长式领导力概念的提炼就很好地佐证了这一观点。家长式领导源于中国传统儒家、法家文化和数千年的帝制历史，是"一种在人治的氛围下，所显现出来之具有严明纪律与权威、父亲般的仁慈及道德廉洁性的领导方式"①。家长式领导最初就是基于中国传统"外儒内法"的文化背景，由华人学者在中国情境下进行概念提炼及相应的实证研究。鉴于这样的一个先例，笔者认为，领导行为会受到其所在文化情境的影响，同一种领导行为在不同的文化情境下可能会产生不同的效果，不同的文化情境又可能孕育出具有文化特色的领导力模式。

集体领导力产生的一个重要的根基就是中国传统的集体主义文化。霍夫斯泰德将国家文化凝练为六个维度，其中一个维度就是个人主义/集体主义，这一划分方法得到了较为广泛的认可。集体主义文化是指"个体将自己视为某一个或多个集体中的一分子，彼此紧密相连，并重视与集体中其他成员之间的连接关系。受集体规范与责任的驱动，集体主义者愿意将集体目标置于个人目标之上，为了集体利益甚至牺牲自我利益"②。

Singelis 等对个人主义/集体主义文化进一步分类，分为横向（horizontal）和纵向（vertical）两个方面，并将集体主义和个人主义进一步细化，形成了二维层面的横向集体主义、横向个人主义、纵向集体主义、

---

① 郑伯壎，周丽芳，樊景立. 2000. 家长式领导：三元模式的建构与测量. 本土心理学研究，14：3-64.

② Triandis H C, Bontempo R, Marcelo J, et al. 1998.Individualism and collectivism: Cross-cultural perspectives on self-ingroup relationships. Journal of personality and social psychology, 54(2): 323-338.

纵向个人主义四个概念。简单来说，横向/纵向的划分依据是对人与人之间的平等性/差异性的态度，集体主义/个人主义的划分依据是对人与人之间关系的认识（相互依赖/相互独立）[1]。

横向集体主义认为，"个体是集体的一部分，集体中的每个个体之间是平等的"；纵向集体主义认为，"个体是集体的部分且从属于集体，可以为集体牺牲自己，接受集体中的不平等"。所以，横向集体主义体现的是服务，即每一个个体都要为集体服务；而纵向集体主义体现的是服从，即下级对上级的绝对信任和绝对服从。陈昭全等对上述横向和纵向的集体/个人主义定义和结构进行了进一步的分析并发展了以上观点，他们将关注点落实到"人"的层面，并且认为集体主义和个人主义之间并不是对称的关系——存在两个维度的集体主义（纵向维度和横向维度），但只存在一种形式的个人主义[2]。纵向集体主义更加关注整个集体（the collectivity），横向集体主义更关注团队中的其他人（in-group others），既不关注集体又不关注其他人的行为就是最极端的个人主义。他们用图 2.1 的模型来表示横向和纵向的集体主义与个人主义的结构。该模型中，原点表示极端的个人主义，在横向和纵向两个维度上，集体主义会沿着两个维度发展，但两者都属于集体主义的范畴。所以，在这个二维坐标系中，居于右上的点总是比居于左下的点有更高的集体主义倾向。

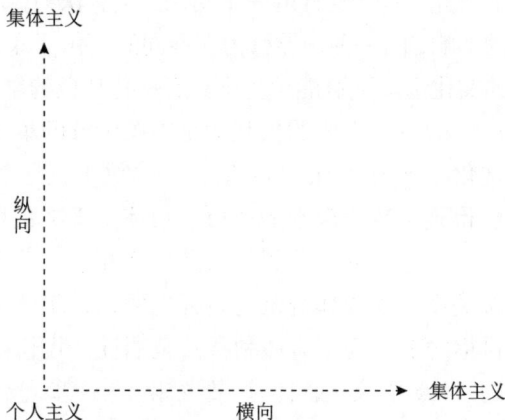

图 2.1　陈昭全等提出的二维集体主义/个人主义模型

① Singelis T M, Triandis H C, Bhawuk D P. 1995. Horizontal and vertical dimensions of individualism and collectivism: A theoretical and measurement refinement. Cross-cultural research, 29(3): 240-275.

② Chen C C, Meindl J R, Hunt R G. 1997. Testing the Effects of Vertical and Horizontal Collectivism A Study of Reward Allocation Preferences in China. Journal of Cross-Cultural Psychology, 28(1): 44-70.

　　学术界普遍认为，按照霍夫斯泰德对国家文化的分类方法，中国文化属于典型的集体主义文化[①]。笔者认为，当代中国的集体主义文化主要包括两部分内涵：一部分是以儒家思想为代表的传统文化，另一部分是源于以实现共产主义为目标的中国特色社会主义文化。虽然"五四运动"以来特别是中华人民共和国成立后文化意识形态发生了变化，儒家文化受到一些批判，但研究表明，中国传统文化中的集体主义倾向反而得到了加强。所以，这两种文化之间并不是后者替代了前者，而是两者经历了深入的融合。

　　儒家强调"五伦"（君臣、父子、兄弟、夫妻、朋友），将每一个个体都纳入一个完整的人际网络中。每个个体都不是独立存在的，而是在网络中扮演着特定的角色，故而不能只考虑自己的个人利益，还需要考虑集体的利益（小到家庭，大到国家、天下，故称"齐家治国平天下"）。儒家传统文化强调亲疏与伦理关系，即"三纲"（君为臣纲，父为子纲，夫为妻纲），这突出地体现了纵向集体主义的特征，即关注整个集体利益，在传统社会中往往意味着人与人之间的不平等和下层对上层的绝对服从；同时，存在一定的横向集体主义意味，即每个个体都要为集体（小到家，大到国）中的其他人考虑，正如《礼记》所言"父慈，子孝，兄良，弟悌，夫义，妇听，长惠，幼顺，君仁，臣忠"。

　　中国共产党作为执政党强调为整个社会、集体福利作贡献，集体主义作为我国的核心价值观得到了广泛的推广。民主集中制既反映了自下而上的意见收集、归纳整理、实事求是、发表意见，也体现了自上而下的严格执行、贯彻落实、遵守纪律、督促检查。中国共产党坚持的民主集中制的组织原则对应了横向和纵向两种集体主义内涵："民主"对应横向集体主义，在一定的范围内实行充分民主，可以畅所欲言、不受限制地表达自己的意见；"集中"对应纵向集体主义，要求少数服从多数、下级服从上级、地方服从中央。

　　源自中国传统文化和社会主义这两条带有集体主义色彩的文化主线经过几十年的交流与融合，业已成为当今中国主流的集体主义价值观。在这种集体主义文化基础之上，笔者将集体领导力从纵向和横向两个维度上展开探讨：横向维度上，集体领导团队成员团结协作，通过科学合理的分工共同为组织服务；纵向维度上，集体领导团队成员有共同

[①] Shenkar O, Ronen S. 1987. Structure and importance of work goals among managers in the People's Republic of China. Academy of Management, 30(3): 564-576.

的价值观，为组织的目标同心同德、齐心协力，甚至不惜为了组织的整体利益牺牲个人或局部的利益。所以，集体领导力也可以用与图 2.1 相类似的一个模型来解释：原点表示绝对的个体领导力，而横向维度的正方向表示"团队协作"行为的增强，纵向维度的正方向表示"同心同德"行为的增强。从这两个维度来解释集体领导力，可以界定管理团队的组织形式、成员关系等有关团队结构的问题，从而回答团队成员"人际关系"的问题。

2.1.2　管理决策理论

集体领导力的另外一个重要内在逻辑是管理团队在面临复杂问题时所必须采取的分工协作和集体决策方式。管理的计划、组织、领导和控制四大职能中，每一种职能都离不开决策。赫伯特·西蒙甚至指出："管理就是决策"[①]，该观点强调了决策在领导过程中扮演着十分重要的角色。领导者在影响下属实现组织目标的过程中，需要做出各种各样的决策，不同的领导风格会表现出千差万别的决策方式。所以，决策过程在一定程度上能够体现领导者的领导风格，领导者"处事方式"的问题在很大程度上都反映在如何做出决策上。简言之，决策方式成为构成领导行为的重要因素，决策理论也成为领导理论的重要组成部分。

鉴于个体决策的有限性，Tannenbaum 和 Schmidt 于 1958 年提出了领导行为连续体理论（leadership continuum theory），认为领导者需要根据自身的特征、下属的特征、情境的要求，从绝对的专制型领导（领导做出决策并宣布实施）到绝对的民主型领导（领导者允许下属在规定的范围内行使职权）这条连续的线条上选择合适的领导行为[②]。具体来说，这个连续线条上有七个典型的行为点。

（1）领导做出决策并宣布实施（绝对专制）：领导者确定问题，考虑各种可行方案后做出选择，然后向下属宣布实施，也不给下属直接参与决策制定的机会。

（2）领导者说服下属执行决策：领导者确定问题，考虑可行方案后做出选择，但并不是简单宣布决策，而是试图说服可能反对的下属接受这个决策。

---

① Simon H A. 1965. Administrative behavior. Cambridge: Cambridge University Press.

② Tannenbaum R, Schmidt W H.1958. How to Choose A Leadership Pattern. Harvard Business Review, 36(2): 95-101.

（3）领导者提出计划，征求下属意见：领导者做出决策后向下属进行详细说明，并允许下属提出修改建议。这样下属就能更好地理解领导者的意图，通过双方讨论也可以使问题得到更妥善的解决。

（4）领导者提出可供修改的计划：领导者提出一个暂行的决策，征求下属意见，但确认和分析问题的主动权仍掌握在领导者手中。

（5）领导者提出问题，征求意见并做出决策：领导者确定问题后请下属给出解决方案，然后领导者从自己和下属的方案中做出选择。

（6）领导者界定问题范围，下属集体做决策：领导者将决策的主动权交给自己的团队。领导者界定问题的范围，提出决策条件和要求，下属团队在相应的范围内做出决策。

（7）领导者允许下属在规定范围内做出决策（绝对民主）：团队界定问题并做出决策，领导者只是其中的一分子，并不比其他同事享有更多的职权。

在上述各种模式中，Tannenbaum 和 Schmidt 认为，不能简单地说哪一种模式优于别的模式。领导者应该考虑自身、下属和环境各种因素的影响，采取最恰当的行动——当工作任务需要果断指挥时，领导者应善于指挥；当任务需要员工参与决策时，领导者应适当放权。

Vroom 和 Yetton 于 1973 年提出了一个与上述理论相类似的模型——领导者-参与模型（leader-participation model），他们将领导行为和参与决策结合在一起，从领导者如何做出决策的角度对领导行为进行了分类。他们认为领导的决策行为需要依据活动的性质、对任务结构的要求等及时调整，并总结出了五种领导风格，从利用自己掌握的信息独立做出决策，到通过与下属集体讨论协商一致后做出决策[1]。领导行为连续体理论与领导者-参与模型都表明，绝对的个体领导行为存在一定的局限性，领导者需要根据决策环境的变化选择不同的决策方式。在任务复杂程度较高的情况下，团队成员共同协商做出决策较之最高领导者个人独立做出决策更有效，这一观点也得到了一些实证研究和荟萃分析（meta-analysis）研究的支持[2]。

二维领导力模型阐述了团队成员在"人际关系"方面的处理方式，而决策理论解释了团队成员在"处事方式"上的决策偏好，二者共同构成了集体领导力的三维理论模型。

---

① Vroom V H, Yetton P W. 1973. Leadership and decision-making. Pittsburgh :University of Pittsburgh.

② Gastil J. 1994. A meta-analytic review of the productivity and satisfaction of democratic and autocratic leadership. Small Group Research, 25(3): 384-410.

2.2 模型：构建三维支柱，彰显中心立意

根据俄亥俄州立大学和密西根大学的研究，领导力主要涉及领导者两个方面的能力：一是人际关系能力，即领导者如何影响下属；二是处理工作能力，即领导者如何管理以推动工作任务的完成。因此，结合以上分析，在包含人际关系和处事方式这两个维度的领导力基本理论基础上，笔者整合了集体主义文化（导致与个人主义截然不同的人际关系）和决策方式（以团队还是个体方式处事），从而构建集体领导力的三维模型（图 2.2）。在决策维度上，原点表示纯粹的个人决策，正方向表示集体决策的程度。于是，反映集体主义文化的二维模型发展为体现集体领导力的三维模型，该模型的原点是绝对的专断领导，三个维度的正方向表示集体领导强度增强。

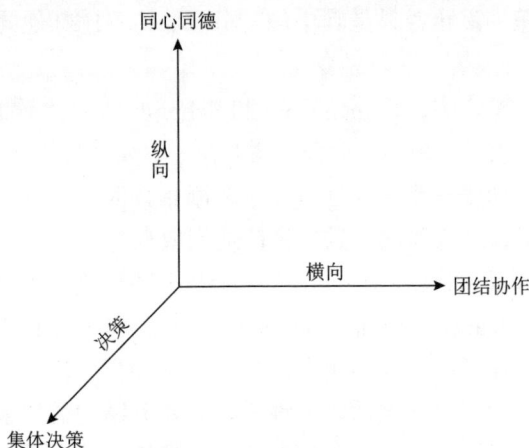

图 2.2　集体领导力的三维模型

集体领导力的三维模型将陈昭全等的集体主义文化模型和团队决策理论融为一个整合的框架，基于中国文化背景，从人际关系和处事方式两个层面构建了集体领导力的理论模型。在横向层面，集体领导力的表现是高管团队成员在合理的分工之下相互协作，同时有助于其他成员及整个团队实现成长与发展，表现出分工协作和发展成长的特点；在纵向层面，团队成员为了共同的理想而努力，在考虑问题时从大局出发，表现出共同理想和顾全大局的特点；在决策层面，团队成员以民主集中的方式进行决策，提倡和而不同，表现出民主集中与和而不同的特点。

这一模型拓展了现有集体主义文化的理论，并用三个维度为集体领导力概念提供了理论支撑。概而言之，横向维度上，集体领导团队表现出分

工协作和发展成长的特点；纵向维度上，集体领导团队表现出共同理想和顾全大局的特点；决策维度上，集体领导团队表现出民主集中与和而不同的特点。相关研究表明，这三个维度包含六个具体特点，它们对于集体主义文化下的团队有效性发挥着积极的作用。

第一，分工协作。高管团队成员有明确的分工，必要时相互配合。大卫·李嘉图认为，为了更好地发挥自己的比较优势，个体倾向于从事自己优势更高的工作，于是出现了分工。分工的出现是社会发展的必然结果。实证研究表明，环境复杂度越高，管理者做出决策时所需要的信息丰富程度就越高，决策过程对管理者的专业知识和协调配合的要求也就越高。在这样的情况下，由个体领导者独立做出决策可能会产生较大的偏差，所以需要管理团队成员彼此之间相互协作。在当前的社会和市场大背景下，组织所处的环境越来越复杂，所以高管团队成员在合理分工的基础上相互协作就变得越来越重要了。

第二，发展成长。高管团队成员为了整个团队的发展，相互之间提供支持与帮助，必要时提出意见建议。团队成员之间的支持和帮助是团队社会资本的重要组成部分，其对团队有效性的积极作用得到了大量的实证研究的支持。团队成员为了整个团队的发展与成长，相互帮助，目的是更好地实现组织的共同理想。

第三，共同理想。高管团队成员对组织的发展目标和发展路径达成了一致的认识。领导力的定义中，明确说明了领导力的目的就是实现共同目标。集体领导团队成员拥有共同的理想，并向下属明确地传递这一理想，能够提高管理团队在执行战略过程中的一致性，提高下属对管理团队决策的执行效率，对高管团队有效性发挥着积极的作用。

第四，顾全大局。高管团队成员能够站在整个组织的立场考虑问题，必要时牺牲个体或部门的利益。集体主义文化的一个重要体现是将集体目标置于个人目标之上，必要时牺牲个体或部门的利益。相关研究指出，领导者的自我牺牲精神对团队有效性有显著的正向作用。

第五，民主集中。高管团队在做出决策时，先进行充分协商讨论，形成一致意见之后坚决执行。研究表明，团队内部的授权与分享对于团队整体有效性和团队绩效有积极的作用。"民主"的过程就是充分授权与协商的过程，在这个过程中，名义上的最高领导者不再享有最终决定权，而是扮演着召集人和协调人的角色。"集中"的过程从决策的角度体现出共同理想的特点，团队成员为了共同的理想而付诸一致的行动。

第六，和而不同。高管团队成员在决策过程中能够充分表达自己的意见，甚至能够进行激烈的争论。民主和集中的前提是团队成员享有充分的自主性，这就要求领导班子成员做到和而不同而不是简单的"一团和气"。团队成员每个人都有独立发表自己意见的机会，这样才能保证内部的充分协商。Hambrick 等提出的高阶理论（upper echelons theory）中，就指出了团队成员"异质性"（heterogeneity）对决策结果的影响。此处所说的异质性，是客观上团队成员在年龄、专业、教育、年资等方面的差异，进而造成了在思想观点、知识和价值观方面的差别。他们认为，在复杂的环境中，高管团队成员的异质性对于组织效益有积极的影响。

这六个特点分别从三个维度上体现出来，构成一个较为规整的框架，从理论上解释了集体领导力的行为表现。该模型以集体主义文化理论和决策理论为基础，将二维的集体主义文化模型发展为三维的集体领导力模型，从团队成员之间人际关系和处事方式两个方面解释了集体领导力，并进一步演绎出集体领导力的六个特点，为后续的研究奠定了必要的理论基础。

2.3 概念：核心内涵解读，相似概念辨析

随着西方管理学术界对于领导力研究的不断深入，越来越多的西方学者开始意识到建立在个人主义文化之上的个体领导的局限性，进而提出了一些包含"团队"和"集体"思想的领导力概念。早在 20 世纪 50 年代，就有学者指出领导力是一系列"团队能力"的组合，Lambert 等更明确定义领导力是每一个团队成员的工作（the professional work of everyone）[①]。由此我们认为，影响组织效益最重要的因素并不是最高领导者一个人，而是最高领导团队。实证研究发现，有些团队之所以会有不尽如人意的绩效就是由于个体领导者过于强势甚至独裁，而那些绩效高的团队则往往存在更为分散的领导力模式。

随后，学者提出了诸如分布式领导力（distributed leadership）、共享型领导力（shared leadership）、授权型领导力（empowering leadership）、参与式领导力（participative leadership）等与集体领导力相类似的领导力概念。Danni 等将这些领导力类型统称为"共享型领导力"，并对以这些概念为主题的一系列实证研究进行了荟萃分析，结果显示：相较于传统意

---

① Lambert L. 2002. A framework for shared leadership. Educational leadership, 59(8): 37-40.

义上的个体垂直领导（vertical leadership），共享型领导力对团队绩效有积极的作用[1]。

这些领导力概念的提出，体现了学者对于传统意义上个体领导概念的思考和拓展，并意识到了除了单个（最高）领导者之外的更多团队成员在领导过程中所具有的重要作用。但绝大多数学者对这些概念的阐述都是个人领导力的数量叠加，没有深入探析集体主义价值观和文化背景可能导致截然不同的领导方式和行为。也就是说，这些领导力理论探索仍然是以个人主义价值观为主导，在西方已有的领导力理论框架下所进行的概念性创新。由于文化背景不同，这些概念与集体领导力之间存在着本质上的差别，这些差别可以从前文介绍的三个维度出发进行辨析（图 2.3）。

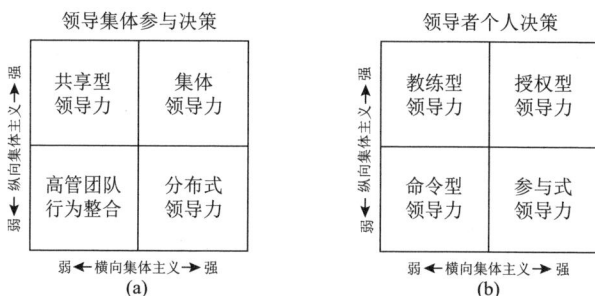

图 2.3　集体视角下的领导力概念分类

高管团队行为整合界定的是高层管理团队成员在思想和行动上的集体互动。Simsek 等学者为高管团队行为整合下了更为具体的定义，即高层管理成员可以公开自由地交换信息知识、解决冲突、表达共同的看法，并把集成的策略（方法）付诸实施，从而促进组织朝更好的方向发展。所以，在一定程度上，其和集体领导力的决策维度相似，即强调民主集中的特点，但是高层管理团队的领导者仍扮演着至关重要的角色，负责搭建团队与外部环境联系的平台，协调、整合、指导、激励成员，使团队发展壮大。但是，横向上，高管团队行为整合没有更多涉及高管成员共同发展层面的内涵；纵向上，也并未强调高管团队"顾全大局"方面的问题。

Mehra 等将分布式领导力定义为团队中出现的多个（正式的或者非正式的）领导者分布和共享的现象[2]。分布式领导力强调不同成员之间的分工

---

① Danni W, David A W, Zhen Z. 2014. A Meta-Analysis of Shared Leadership and Team Effectiveness. Journal of Applied Psychology, 99(2): 181-198.

② Mehra A, Smith B R, Andrea L, et al. 2006. Distributed leadership in teams: The network of leadership perceptions and team performance. The Leadership Quarterly, 17(3): 232-245.

与配合，并注重和环境之间的联系。分布式领导力的核心是高管团队成员各有分工、各司其职，根据外部环境的变化选择最有优势的人来承担领导职责①。所以，在一定程度上佐证了集体领导力"分工协作"特点的重要性。但同时，分布式领导力与集体领导力的差别也十分明显：在横向维度上，分布式领导力重点强调了"分工"，同时有一些"协作"的意味，但并没有对团队成员相互之间的发展与帮助进行充分的体现，即在"发展成长"上较之集体领导力要弱；在纵向维度上，分布式领导力并没有充分强调高管团队成员拥有"共同理想"及"顾全大局"的意识；在决策层面，分布式领导力的决策过程更多是根据外界环境的变化，团队成员共同参与决策，但是团队中最有优势的成员拥有最高的决策权，而集体领导力强调团队成员以民主集中的方式共同做出决策。

共享型领导力是"由团队不同成员之间的领导力分配而产生的一种自然的团队状态"②。许多学者都强调共享型领导力和传统意义上的垂直领导之间存在很大的差异性，可以认为是一种充分意义上的团队内授权。共享型领导力削弱了最高领导者在团队中的作用，提倡其与下属进行权力和资源的分享。这与集体领导力"民主集中"过程中对最高领导者角色的定位有相似之处，故其在决策维度上表现出集体决策的特征，且表现出较强的纵向集体主义倾向。但是，共享型领导力更多体现在领导身份的不固定或者轮流转换上，即在"分工协作"上较之集体领导力要弱。

与其他领导力相似，以上领导风格在决策维度上都或多或少地表现出了领导集体参与决策的特点，但是还有部分领导风格更强调突出领导个人，如领导者根据个人的了解和判断来监督团队成员的工作，并做出决策。

命令型领导力的权力掌握在领导者个人手中，领导者采取单向沟通方式，以命令的形式向下属布置工作任务和完成任务的程序与方法。纵向维度上，命令型领导和下属的权力距离较大，领导者一般不参加集体活动，下属不了解或无法了解组织的整体目标和最终目的；横向维度上，领导者只关心工作任务的完成情况和工作效率的高低，对团队成员个人不太关心。在这种团队中，团队成员处于服从与执行的关系，彼此之间合作较少。因此，相比集体领导力，其在纵向和横向集体主义上都相对较弱。

参与式领导力源于由 Koman 提出并由 Hersey 和 Blanchard 进一步发展

---

① Spillane J P, Diamond J B. 2007. Distributed leadership in practice, Columbia: Columbia University.

② Carson J B, Tesluk P E, Marrone J A. 2007. Shared leadership in teams: An investigation of antecedent conditions and performance. Academy of management Journal, 50(50): 1217-1234.

的领导生命周期理论①。他们认为，根据员工成熟度（包括工作成熟度和心理成熟度）由低到高，领导者所应该选择的领导方式进行命令型、说服型、参与型、授权型的转变。领导生命周期理论将领导行为划分为两个维度，即任务行为和关系行为，任务行为体现了领导者对下属在完成任务方面的关注，关系行为体现了领导者对下属的尊重和支持。当领导者与下属之间处于高的关系行为、低的任务行为时，就应该选择参与型的领导方式。参与式领导力强调领导者与下属共同进行决策，在一定情况下领导者会向下属授予一部分决策的权力。但参与式领导力更多出现在中基层团队中，较少探讨高管团队中出现的情况，下属的参与也更多体现在工作目标制定等较小的问题上，不涉及重大决策问题。参与式领导力在关注层面上与集体领导力存在本质上的区别。

教练型领导力指的是领导者扮演导师的角色，帮助和指导员工自主实现工作目标，进一步洞察自我，发挥个人潜能。教练型领导力强调指挥性行为和支持性行为并重，一方面，明确指导下属，并制订行动计划；另一方面，倾听员工的想法，号召他们提出一些新的意见和想法，必要的时候支持他们提出的意见与建议。由此，在教练型领导力的影响下，领导与员工的权力距离相对较小，但是在横向维度上，教练型领导力没有过多涉及团队成员之间的共同发展和相互协作。尽管如此，在决策过程中，教练型领导者依然是最后的决策人。

授权型领导力的出现是基于行为的自我管理理论（behavioral self-management），即认为员工有能力进行自我管理和领导，这一理论最早由 Sims 等提出②。其他学者进一步将授权行为从以往的个体领导者层面扩展到团队层面，他们认为授权型的团队在执行任务时会有更多的权力和高度的自治，进而团队成员会发现其工作更加有意义也更有效，也就有了较高的内部动机③。授权型领导力打破了最高领导者的绝对权威，强调分权的重要性，从另一个角度佐证了集体领导力所具有的民主集中的特点。横向上，授权型领导力没有过多涉及分工协作与团队成员相互帮助共同发展层面的内涵；纵向上，也并未强调团队成员拥有共同理想及顾全大局方面的

① Hersey P, Blanchard K H. 1969. Life cycle theory of leadership. Training & Development Journal, 23: 26-34.

② Sims H P, Manz C C. 1996. Company of heroes: Unleashing the power of self-leadership. Wiley, 28(3): 191-193.

③ Sims H P, Manz C C. 1996. Company of heroes: Unleashing the power of self-leadership. Wiley, 28(3): 191-193.

问题；决策维度上，授权型领导力包含一定的民主集中的内涵，但并未对具体的决策过程进行清晰的界定。

综合上述分析，图 2.4 从思想文化基础、研究视角方面，将集体领导力与现有的领导力概念进行了对比和总结。

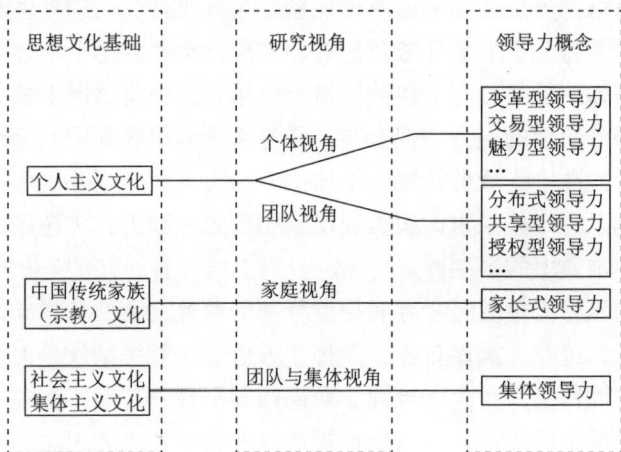

图 2.4 现有领导力概念的思想文化基础与研究视角主线

总而言之，现有的一系列广义上的共享型领导力概念与集体领导力存在较大的差别。

第一，针对的团队层次不同。以上领导力概念大多针对中基层团队，而集体领导力往往是指高层管理团队的领导过程。

第二，团队最高领导者的角色定位不同。上述概念所关注的管理团队中，多数存在凌驾于团队之上的最高领导者，管理团队只是作为最高领导者做出决策过程中的助手；集体领导力所探讨的高层管理团队，既强调最高领导者召集和协调的角色，又强调或有或无的最终决策权，集体领导团队通过民主集中的协商方式做出决策。

第三，团队成员领导力整合方式不同。上述概念依然是从个人主义的角度出发，将团队的领导力作为个体领导力的叠加；集体领导力则关注于整个团队，该团队成员通过共同理想结合为一个整体，集体领导力就是这个整体所表现出来的领导力。

第四，领导过程不同。在三个维度上，上述概念较多强调了横向维度上的分工协作及决策维度上的民主集中特点，较少探讨纵向维度上团队成员共同理想和顾全大局方面的特点，以及团队成员之间相互帮助共同发展与和而不同的特点。

2.4　启示：民主集中决策，团队分工协作

自 20 世纪 30 年代起，在组织行为和人力资源管理领域中已开始研究领导学。领导力的理论研究发展至今，大致经历了特质论、行为论、权变论、综合论等四个阶段，学者相应提出了诸如变革型领导力、交易型领导力、魅力型领导力等一系列领导力概念。这些领导力概念的共同之处在于将"领导力"看作个体行为。

变革型领导力、交易型领导力等概念典型地反映出个人主义文化的特点，这些概念都是从个人的角度，将领导者作为组织中独立的、唯一的个体进行研究。但随着学术研究的深入，以及学术研究与管理实践的结合，进入 21 世纪以后，西方管理学者逐渐意识到，以往将领导者局限于个体的观点逐渐不能指导管理实践，甚至滞后于管理实践。在这样的背景下，分布式领导力、共享型领导力、授权型领导力等概念逐渐被提出。

综合当下西方的领导力概念，笔者发现，这些概念都是从西方个人主义文化出发，将领导者与下属放在对立的层面上，存在明显的上下级关系。变革型领导力、交易型领导力等对于个人的推崇是毋庸置疑的，如乔布斯、盖茨、韦尔奇等都属于优秀的个体领导者。即便是从团队视角出发的分布式领导力、共享型领导力等，也依然绕不开个人主义的内涵：分布式领导力强调根据不同的外界环境选择最适合的人作为团队的领导者，所以整个团队的领导力就是个体领导力的叠加；共享型领导力强调团队内部领导力的共享，指定的领导者要善于倾听下属的想法；授权型领导力则要求指定的领导者注重权力下放，给下属足够的机会进行独立决策，上下级的意味更加明显。因此，在西方研究文献中，上下级清晰的划分并不是偶然的，而是与西方推崇个体英雄的文化背景紧密相关的，是根植西方个人主义文化之下而必然产生的理论概念。

除了以上基于西方文化背景的领导力概念之外，一些学者也提出了具有中国文化特点的领导力类型。20 世纪 90 年代末期以来，郑伯埙等提炼出了家长式领导力的概念。家长式领导力是建立在中国传统家族（宗族）文化基础上、具有浓厚中国特色的领导力概念，反映出中国的"外儒内法"传统和数千年的帝制历史。家长式领导力从个人视角出发将中国传统文化中集权的一面推向了极致，将个体作为整个企业的核心与灵魂，而个体能力的强弱、决策的优劣会直接影响组织的走向。

然而回顾已有的领导力概念，无论是西方的变革型领导力、分布式领

导力，抑或我国的家长式领导力，其最大的共同点就在于依然将领导力看作个人层面的概念，将指定的领导者与所在管理团队对立起来进行分析。现实情况有时是领导个人并不能发挥全部的领导效用，而是领导集体共同携手，群策群力带领组织实现集体目标。在这样的情况下，笔者在中国当前集体主义文化和中国企业管理实践基础之上提炼出了集体领导力的概念，并构建了三维理论框架。

在中国集体主义文化背景之下，基于中国组织的管理实践，从集体主义角度提炼中国特色的领导力概念，显得尤为迫切。本章针对集体领导力的概念，以集体主义文化理论和决策理论为基础，构建了集体领导力的三维理论模型。该模型从人际关系和处事方式两个角度阐释了集体领导力的内涵，并进一步演绎出集体领导力的六个基本特征，即分工协作、发展成长、共同理想、顾全大局、民主集中、和而不同。该模型的构建，不仅为未来的定量研究提供了理论依据，更推动了建构中国式管理和领导理论的进一步发展。

第二篇 研 究 篇

　　企业在调用资源有效开展经营的同时，还需要主动求变以适应未来发展，领导在全面把控企业经营的同时，还需要做好授权，以充分调动员工的积极性。需要注意的是，当下企业管理面临着各种各样的矛盾，这些矛盾和谐共生且相互依存，有效兼顾矛盾是领导者必须具备的能力。

　　阴阳哲学强调一种整体的、动态的、辩证的世界观，与西方哲学强调悖论是具有排他性的对立面这一观点不同，阴阳哲学将悖论看作可以和谐共生且相互依存的对立统一体。基于中国传统文化构建的家长式领导、悖论式领导与辩证式领导理论在不同程度上均体现出了矛盾的对立统一思想。

　　领导者在企业管理中践行辩证价值观时，或可依赖团队，在不动摇领导核心的前提下，同心同德、团结协作、集体决策共担领导重任，此即表现为集体领导。领导团队内部协作难免会产生冲突，而冲突未必有害！本篇内容将介绍华人领导、领导协同、团队冲突等相关理论，以期为理解集体领导实践填补理论知识。

第 3 章
华人领导　兼容并蓄

高　昂　张葆鑫　杨一宁

伴随中国经济快速发展，人们重树文化自信，越来越多的管理者开始从中华优秀传统文化、古典哲学中汲取营养，用以指导管理实践。无论是儒家所提倡"仁、义、礼、智、信"、孙子所提及的"智、信、仁、勇、严"、法家所强调的"法、术、势"，还是道家所推崇的"无为"，这些传统理念正引起当代管理者的关注。

中华民族拥有五千多年光辉灿烂的文明史，丰富多彩的文化也孕育培养了无数军事、政治、文化和经济领域的杰出领导者，他们的身上体现着东方文化独有的智慧。领导与文化是一枚硬币的两面，二者息息相关，仅以阴阳哲学在管理行为上的体现为例，我们偶能察觉到身边一些领导所兼有的矛盾气质，如恩威并重、兼顾个性与共性，又如严肃与活泼，"恩"与"威"、"重视个性"与"一视同仁"、"严肃"与"活泼"细想起来，这些矛盾恰能统一在一个人身上实在是令人咋舌。如果惯用西方线性思维模式，往往要在几对矛盾中做出取舍，而若具备阴阳融合思维，则能较易接受兼顾矛盾的理念。

现代管理理论研究源自西方，运用科学方法凝练中国领导理论的尝试从未停止过，我们不禁好奇，基于中华优秀传统文化的现代领导理论究竟有哪些？经过系统查阅，我们将目光锁定在家长式领导理论、悖论式领导理论与辩证式领导理论。全球化背景下，诸多情境化的管理经验正变得全球适用，当然有些理论也逐渐被边缘化，我们不妨抛开对管理知识普适性与管理知识情境化的争论，仔细分析以上三个本土化领导理论。

3.1　传统：恩威并施兼顾，领导以德服人

中国民营企业中，常见有严明的纪律与威权，亦如父亲般的仁慈，且彰

显道德廉洁性的家长式领导，该领导行为在中国有着深厚的文化根源。纵观当代一些成功的企业家，如比亚迪股份有限公司（以下简称比亚迪）的王传福、联想集团（以下简称联想）的柳传志、华为的任正非……不难发现家长式领导依然活跃于当代企业管理领域，也正是在他们的带领下，比亚迪、联想、华为等企业持续创新，不断成长为行业标杆。

3.1.1 家长式领导的文化根源

领导威权与传统社会关系一脉相承。在社会关系方面，传统儒家思想主张"君为臣纲，父为子纲，夫为妻纲"，在传统社会，下位者对于上位者权威的绝对服从是维持社会稳定发展的基础，与此同时法家思想在封建统治制度中的应用更加强化了传统社会人们的等级思想。经历几千年的封建帝制，权力距离文化已经融入社会机理，尽管先后经历旧民主主义革命、新民主主义革命的冲击，以及中华人民共和国成立后共产主义思想的全面洗礼，但传统文化中的高权力距离文化价值观念在中国社会中依然存在。霍夫斯泰德等学者有关跨国文化差异的调查数据显示内地及香港地区拥有较强的权力距离价值观念（图3.1）。当这种传统价值观映射到当代企业管理中，即表现为组织中员工对于领导威权行为的服从。

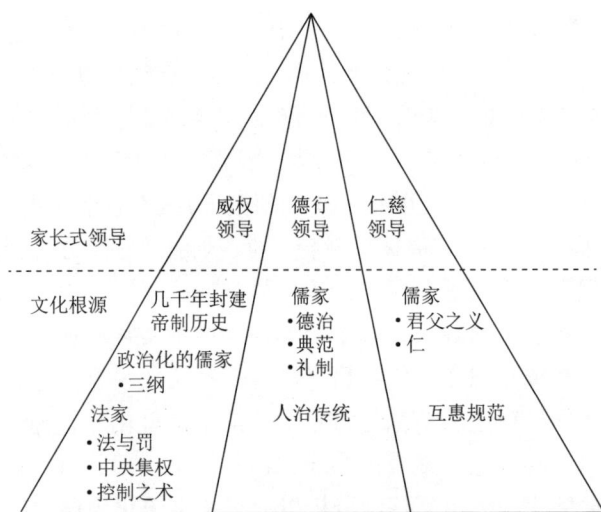

图 3.1 家长式领导文化根源

领导仁慈与中国礼义文化休戚相关。《礼记》记载："父慈，子孝，兄良, 弟悌, 夫义, 妇听, 长惠, 幼顺, 君仁, 臣忠"。儒家的"三纲"确定了封建社会的社会关系, 上位者的优势地位得到封建制度的全面维护, 而对上位者义务未做出强制规定。当上位者给予仁慈关怀时, 下位者则会心存感激且产生亏欠之情, 时时以思回报, 若上位者骄奢淫逸一味追求个人利益而忽视下位者需求, 下位者也会寻求方法打破原有社会秩序建立新的权力平衡, 这符合中国社会中"报"的文化理念, 也符合儒家强调的礼制传统。当这种传统价值观映射到当代企业管理时, 即表现为组织中员工对于领导宽容体谅与个性化关怀行为的感激与图报。

领导德行与中国传统道德紧密相连。《论语》记载"道之以政, 齐之以刑, 民免而无耻, 道之以德, 齐之以礼, 有耻且格", 意为君主以苛政严刑驾驭社会, 百姓虽免于犯罪却不知廉耻, 如果以德行礼义教化百姓, 则知荣辱廉耻且社会有序。考虑下位者的反应, 上位者具备高尚德行并展示德行感化下位者, 对于维持社会系统的稳定显得十分重要。另外, 传统社会关系赋予领导者无上的权力, 大公无私、以身作则等德行是对其权力行使的无形规范, 也是下位者对于上位者的理想期望, 否则下位者将成为权力滥用的牺牲品。当这种传统价值观映射到当代企业管理时, 即表现为组织中的员工对于领导优秀德行的认同与尊重。

3.1.2 家长式领导理论的发展脉络与有效性基础

20 世纪后半期, 基于一些对中国家族企业的研究, 学者发现了一种特别的领导管理风格——家长式作风。家长式作风植根于中国传统文化, 企业领导者如父亲般指导、监督、保护并关怀下属, 而下属对领导者的保护与关怀心存感激并绝对服从其权威。20 世纪 60 年代, 西方学者着手研究中国台湾地区私营企业的管理, 在企业实践中发现有别于西方领导理论的家长式管理风格, 并从六个方面概括其表现: 说教领导、德行领导、集权管理、维持距离、隐藏意图、权术控制。20 世纪 90 年代, 有西方学者提出家长式首领(paternalistic headship)模型, 其包括说教领导、意图隐晦、树立声誉、权威保护、政治操控、裙带关系、社会距离等维度。

在企业管理情境中, 若下属对于领导要求绝对服从的威权行为, 表现出敬畏服从; 对于领导全面关心自己及家庭的仁慈行为, 表现出感恩图报; 对于领导表现出的大公无私及以身作则等德行行为, 表现出对领导的认同时, 家长式领导行为则被认为是有效的(图 3.2)。

领导展现威权
➤ 专权作风
　• 不愿授权
　• 下行沟通
　• 独享信息
　• 严密控制
➤ 贬抑下属能力
　• 漠视建议
　• 贬抑贡献
➤ 形象整饰
　• 维护尊严
　• 表现信心
　• 操控消息
➤ 教诲行为
　• 要求高绩效
　• 斥责低绩效
　• 提供指导

下属敬畏服从
➤ 顺从行为
　• 公开附和
　• 不公开冲突
　• 不唱反调
➤ 服从行为
　• 无条件接受指派
　• 忠于领导者
　• 信任领导者
➤ 敬畏行为
　• 表现尊敬
　• 表现畏惧
➤ 羞愧行为
　• 勇于认错
　• 聆听教训
　• 改过从善

领导施行仁慈
➤ 个别照顾
　• 视为家人
　• 保障工作
　• 急难帮助
　• 整体照顾
　• 鼓励辅导
➤ 维护面子
　• 避免羞辱
　• 预留余地

下属感恩图报
➤ 感恩
　• 缅怀恩情
　• 感念领导者
➤ 图报
　• 牺牲小我
　• 表现敬业
　• 符合期望
　• 勤奋工作

领导德行行为
➤ 公私分明
　• 一视同仁
　• 牺牲私利
➤ 以身作则
　• 作为表率

认同效法
➤ 认同
　• 认同价值与目标
　• 内化价值与目标
➤ 效法
　• 模仿领导者行为

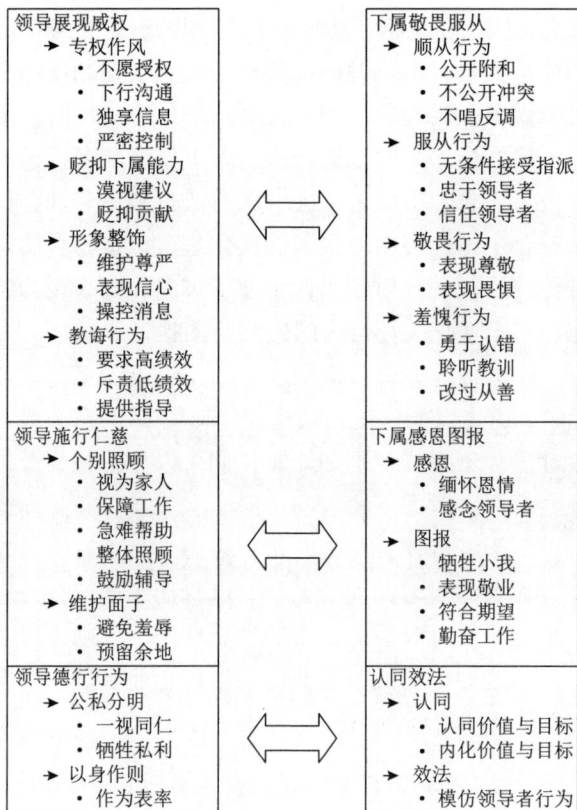

图 3.2　家长式领导行为与下属反应模型

在认识家长式领导时，我们应将威权、仁慈、德行作为一个整体来进行分析。从辩证的视角进行解析，威权领导要求下属的绝对服从，严格要求、赏罚分明故可以给组织带来效益，但是同样存在权力滥用的风险，威权尚需仁慈相济，而仁慈容易产生偏私。《长短经》所述："故仁者，所以博施于物，亦所以生偏私。"因此，领导公正无私、以身作则等高尚品德显得十分重要。总之，威权、仁慈、德行三种行为既互为支持又相互制约，恩威并施、以德服人之领导风格可能存在综合效应。

3.1.3　家长式领导理论面临的挑战

中国传统文化经历着西方哲学思潮及近代社会主义思想的双重冲击，部分传统思想如儒家倡导的"三纲五常"，已失去或正逐步失去生存的土壤。家长式领导理论植根于中国传统文化，该理论的有效性基础正面临着诸多挑战，尤其是领导的威权行为，已招致了下属的反感与抵抗。已有相关研究家长式领导与下属反应模型，发现当领导者展现出威权行为时，下属并未表现出敬畏服从。另外，诸多实证研究结果显示领导威权行为对于组织有效性的发挥有消极作用，也有学者发现领导威权行为对于下属对主管信任度、下属工作满意度等均具有负面影响等。

家长式领导内容框架发展可追溯至 20 世纪七八十年代中国家族企业领导者的管理风格，近年来全球一体化给中国带来了文化冲击，使传统价值观中威权取向价值被不断稀释，考虑到文化价值对领导有效性的影响，我们有必要重新考量新时期背景下家长式威权领导行为的内涵及有效性。

3.2 辩证：融合东方思维，试行悖论管理

阴阳哲学源自我国，它强调的是一种整体的、动态的、辩证的世界观。与西方哲学强调悖论具有排他性的对立面这一观点不同，阴阳哲学将悖论看作可以和谐共生且相互依存的对立统一体，这也就形成了中国传统哲学特有的辩证思维。20 世纪末，彭凯平总结提出的包括矛盾、变化和联系这三个原则的传统文化下的辩证思维在后续学者的研究中被广泛采纳。他在研究中认为，矛盾原则强调矛盾的普遍性，变化原则强调事物的动态性，联系原则强调事物之间的关联性，而这三个原则两两之间又相互联系形成网络。在阴阳哲学与辩证思维基础上，悖论领导（paradoxical leadership）与辩证领导（dialectical leadership）等概念应运而生。

3.2.1 悖论领导的发展背景与概念

自 20 世纪 80 年代起，组织悖论相关问题逐渐引起了学者的关注，研究目光也从最初的企业发展战略等宏观层面逐步扩展到企业内部人事管理等微观层面。当前组织发展的环境相比过去发生了很大变化，如组织环境不再一成不变而是处在持续性的动态变化中，并且呈现出一定的复杂性和竞争性。随着企业外部环境的变化，领导者在管理团队及下属时，也需要处理诸多看起来相悖的需求。例如，在企业经营管理过程中，下属既希望领导对待大家可以一视同仁，又希望自己的个性可以得到充分尊重，也就是说他们期望领导者既要对大家一视同仁，又不能死板僵化地进行无差别对待，以至于忽视每个人的特质。领导者在组织管理中也会面临一些两难的选择，在这些看似两难的选择中，实际上是否可以找到共通的解决方案呢？面临此类矛盾时，领导者能否做出两全的选择呢？这些对于领导者能否有效地开展管理工作十分重要。

在处理组织管理实践中潜在的矛盾时，传统的领导理论框架更多时候会强调要在矛盾的两方之间做出选择，而不是尝试建立起矛盾两方之间的联系，进而寻找到一种"鱼与熊掌可以兼得"的矛盾解决方式。这种非此即彼的线性思维限制了传统领导理论的解释力，使其很难系统全面地解释当前组织管理面临的一些实际状况和困难。北京大学张燕教授基于东方阴阳哲学，通过对组织管理中辩证领导行为的分析研究创新性地提出了悖论式领导这一概念。

基于阴阳哲学的悖论式领导对应于东方文化下的辩证思维。概括说来，它强调领导者面对矛盾时的平衡处理行为，而非简单消除矛盾的行为，具体含义则是领导者在组织管理过程中为了同时且持续地满足组织与下属的需求需要采取一些看似矛盾但实际上相互联系的领导行为，其也体现出管理者的辩证领导行为。领导者有效的悖论领导行为，体现在同时接受来自组织和下属矛盾的需求并将它们统一起来，进而采取一种两全的策略上，具体包含以下五个维度。

第一，自我中心和他人中心的结合。第一个维度强调领导者要将自我中心和他人中心相结合，即领导者既要认同自身的领导角色，也要对下属保持充分的尊重。常言道，在其位谋其政，领导者表现出领导的欲望并积极承担领导角色是他们的本职工作要求，但在这个过程中学会和他人分享领导角色也是十分重要的；领导者要习惯并喜欢成为关注的焦点，也要学会和他人共享关注；领导者渴望得到他人的尊重，但在组织管理中也要对其他员工保持尊重的态度；领导者要有很强的主见，也要意识到自己可能有不足之处，而且组织中的其他人也都具有他们的价值；领导者对于自己的观点和想法要有一定的自信，也要承认组织中的其他员工身上也有值得自己学习的地方。

第二，保持距离与保持亲近的结合。第二个维度强调领导者既要与下属保持一定的距离，又要与他们维持一种亲近的关系。在组织管理中，领导者需要明确领导与下属之间的区别，但他们并不会在管理工作中表现得高高在上。领导者需要与下属保持一定的距离，但这并不意味着领导者面对下属时应当保持冷漠。领导者与下属的岗位差异是无法避免也无法忽视的，但是领导者面对岗位差异时依然要维护下属的尊严。领导者在工作中可以与下属保持一定的距离，但要注意保持和蔼可亲的态度。

第三，保持公平与个性化的结合。第三个维度强调领导者在对待下属一视同仁的同时也要有个性化的方法和措施，作为领导者，保持公正客观十分重要。在组织管理中，领导者有责任采用公平的方法对待所有下属，但也应当将下属看作独立的个体对待；领导者既要将所有下属置于平等的地位，也要考虑他们的个人特质或个性。在与下属沟通交流的过程中不能有歧视和偏见，同时需要根据不同下属的个人特点或需求调整和他们的沟通方式；在管理过程中，领导者既要做到统一管理，也要考虑下属的个性化需求。在分配工作任务时，领导者既要给下属分配一致的工作量，也应当考虑不同下属处理不同任务时的个人优势和能力。

第四，保持严格与灵活性的结合。第四个维度强调领导在组织管理中要严格执行工作要求，但同时要保持一定的灵活性，不能死板僵化。在给下属布置任务的过程中，领导者要强调下属对工作任务要求的服从性，但这并不意味着在这个过程中不允许有例外的情况。与此同时，领导者有义务向下属交代清楚工作职责及要求，但并不需要事无巨细地监管下属完成工作任务的全过程。针对下属的工作表现，领导者可以对其提出严格的要求，但是也要提防过犹不及，应做到严要求而不苛求。

第五，保持控制与自治性的结合。第五个维度强调领导者在决策过程中，既要保持对决策权的控制，也要允许一定程度的自治。在工作过程中，领导者要抓住重要的工作事项，但也要学会将细节处理交由下属完成。领导者既有权为下属做出最终决定，也要赋予下属把控特定工作流程的权力。面对与重大事项相关的重大决策，领导者有义务积极承担。针对非重大事项的决策，领导者则可以将一部分权力授予下属交由其代理履行。从整体上看，领导者需要对组织管理中的问题保持总体上的控制，在集权的同时给予下属适当的自主权。

3.2.2　悖论领导过程与发展

从传统文化下的辩证思维视角来看，实现悖论式领导依赖领导者的认知水平。研究表明，领导者整体思维的水平和领导者表现出的综合复杂程度与辩证领导行为之间存在正相关关系。其中，整体思维强调以持续发展、相互关联和相互渗透的视角看待问题。用整体思维看待组织管理中的矛盾，可以帮助领导者接受看似矛盾的问题，并将它们联系起来以寻求一种动态的平衡。领导者表现出的综合复杂程度是指对同一事物可能存在的多元看法的接受意愿和接受程度。综合复杂程度高的领导者往往更容易接受多元的观点，并对矛盾的信息保持开放的态度，由此他们可以在处理组织和下属的矛盾需求时，充分考虑双方信息进而做出相应的决策。

研究发现，悖论式领导与下属的任务熟练度、适应性行为和主动行为存在正相关的关系。一方面，领导者采取的辩证领导行为可能会给下属树立积极的榜样作用，即下属可以通过观察效仿领导的这些行为，学习如何在复杂多变的环境中接受矛盾的存在，并在这之间进行平衡以寻求和谐共存。另一方面，悖论式领导会在组织中营造一种约束与自治同时存在的、有弹性的工作氛围，给予下属一定的自主权，进而帮助维持员工自信和维护员工的自尊。

目前有关悖论式领导的研究也涉及企业高层管理人员，如北京大学王辉教授提出的辩证式领导概念，已将领导者对下属的悖论式管理上升到企业层面上的领导者对组织发展的辩证管理。王辉教授的研究指出，企业高层管理人员的辩证领导行为共包括七个维度。在微观层面上，企业高层管理人员的辩证领导行为包括因材施教和恩威并施两个维度。与张燕教授的研究发现类似，他指出领导者在领导下属时要考虑下属的个性与特质，并据此对不同的下属采取有针对性的领导行为。同时，在领导下属时，领导者也要平衡其矛盾的领导行为以实现高效的管理。在宏观层面上，企业高层管理人员的辩证领导行为包括预判趋势、适时调整、权衡矛盾、推进协调和全局管理五个维度。领导者首先需要积极关注组织内外部环境变化并根据观察和经验对这种变化趋势做出判断。在此基础上，领导者提出具体应对变化的策略，如及时调整企业发展目标、战略和行动等。与此同时，领导者还需要权衡组织整体面临的诸如企业发展目标、战略和行动之间的矛盾并力图打造一种和谐的动态平衡。最后，考虑到联系原则，领导者要有全局视野，能够从组织发展存亡的大局出发，联动内外，协调促进组织整体的发展，从而更好地领导企业。

3.2.3 对悖论领导的思考与拓展

悖论式领导强调领导者在组织管理中可通过控制和授权的方式来平衡面临的矛盾，追求管理矛盾的和谐统一，为处在复杂多变环境中的组织提供源源不断的发展动力。领导者一方面应当努力把握好宏观层面组织发展面临的矛盾的平衡，另一方面应当把握好微观层面员工管理面临的矛盾的平衡，不断提升辩证领导能力。

我们大胆推测，悖论式领导和辩证式领导应当也可以经得起跨文化情境研究的检验。实践表明，领导者将不变的领导风格贯穿于组织管理的各项活动中是不现实的。坚持一成不变的领导风格就像是孤注一掷，在动态的市场环境中，利益相关者很可能会提出相互矛盾的诉求。尽管悖论式领导与辩证式领导理论的提出均与中国具体情境紧密相关，但是其中涉及对领导者认知水平的剖析，即整体思维和综合复杂性，是在不同文化情境下都普遍存在的。

"知"与"行"之间还有一段距离。领导的认知水平可能会限制其悖论或辩证领导能力的提升，若能以矛盾、发展、联系的眼光看待管理问题，则更容易接受悖论式或辩证式领导的基本理念。而仅仅从思维上接受悖论管理理念还不够，在企业管理中兼顾对立目标，整合矛盾的管理行为，这也对管理者的行为能力提出了新的挑战。以保持严格、兼顾灵活为例，那些严格有余而灵活不足的管理者是不是就不能推行悖论管理了呢？若管理者具备辩证思维能力，能够清晰认识悖论管理的价值，而苦于自身灵活性，那他完全可以选择一位或几位副手，彼此协作，共同经营企业。在分析企业经营发展面临的问题时，若能将目光从领导者个人拓展到以领导为核心的整个领导团队，我们或许会有新的收获。

3.3　拓展：确立领导核心，发挥团队优势

精通儒家、法家思想，基本把握传统哲学，拥有辩证思维，并不意味着领导者就可以在企业中有效兼顾对立目标、平衡矛盾诉求、实行悖论管理，在实践中知易行难的问题并不罕见。如果我们愿意将领导力的概念从个人层面拓展到团队层面，那我们或许可以凭借团队协作来应对知易行难的问题。这样做并不是要挑战管理者的领导地位，也不是质疑管理者的领导管理能力，而是通过拓展领导力的边界，尝试认识并发挥团队领导在企业经营发展中所蕴含的领导作用。

我国各类民营企业中，依靠领导团队引领组织发展的案例非常丰富，领导核心统筹全局，将对立的管理任务落实到不同管理者身上，通过民主集中的方式实现对立目标的统一。通过分工合作，高科技企业可以兼顾市场利润与研发创新，影视传媒公司可以兼顾艺术创作与大众需求，生产制造企业也可以兼顾质量流程管控与人才的灵活管理。华为的任正非和孙亚芳、海尔的张瑞敏与杨绵绵、搜狐的潘石屹与张欣等，企业中高层领导者分工协作、集体决策，共同为达成企业绩效目标而奋斗的故事很多，我们不妨来看看下面两个领导协作的案例。

1）"左非右芳"组合助力华为发展

福布斯中文版 2018 年发布的中国商界女性排行榜上，孙亚芳荣登

榜首，在出任董事长的 16 年间，她与总裁任正非倾力合作、共同领导华为，"左非右芳"闻名业内。华为人大抵都知道，公司级文件抄报栏只有任正非、孙亚芳二人以"总"相称，而其他高层管理人员都是直呼姓名的。孙亚芳曾在华为任培训部经理，后主管市场，再之后升任主管市场与人力资源的常务副总裁，因沟通协调能力出众，作为公司"二把手"一直负责华为的外部事务，华为市场营销体系成功构建，孙亚芳居功至伟。不喜欢社交的任正非总裁专注于企业内部管理，着力于战略制定与科技研发，而孙亚芳则扮演执行者角色，她的和风细雨、优雅干练恰如给任正非的铁手配上一副"丝绒手套"，使得战略执行及人才管理既不失严格，又不至于不近人情。

2）"双院长制"兼顾院务管理与业务发展

作为福建省三明市医疗卫生体系改革的主要成果之一，尤溪县总医院于 2017 年 4 月正式挂牌成立。由原龙溪县人民医院（北区）和龙溪县中医医院（东区）两家龙头医院联合组建的尤溪县总医院，下辖 15 个分院（乡镇卫生院）和 1 个社区卫生服务中心，承担全县 44.05 万人民群众的基本医疗、基本公共卫生服务、预防保健、健康教育与促进等任务。因此，尤溪县庞大的医疗资源，需要重新整合。经过医疗体系改革，龙溪县总医院实行院长负责制和"一把笔"审批制度，乡镇卫生院和社区服务中心由龙溪县总医院统一管理，实行行政院长和业务院长"双院长"制，行政村卫生所由乡镇卫生院管理，形成一个"大卫生"格局。医院实行"双院长"制，这在全国的医疗体系中尚属首次。

"双院长"制指的是一个医院设两个院长，一个是行政院长，另一个是业务院长。行政院长负责医院的行政、财务、设备、基建和总务部门的管理工作，业务院长分管全院的医疗、护理、医技等科室的工作。两位院长各有分工，互相配合，这有利于新组建医院前期的资源重新调配与战略整合。实际上，早于"双院长"制，2016 年厦门市卫生健康委员会就下发了《厦门市三级医院柔性引进高级医学人才实行"双主任制"管理的实施办法》的通知，率先实行了"双主任制"。与双院长设置相类似的是，厦门市当时也在三级医院专科选聘本院专家担任执行主任，执行主任根据特聘主任的授权负责科室的日常管理工作。作为医疗体系中首次进行的"双院长"制管理实践，龙溪县总医院未来管理发展如何，我们拭目以待。

确立领导核心可以保证企业的运营效率，发挥团队优势则能更好兼顾企业发展目标。中国传统哲学理念与文化思想为当代管理实践提供了有益思路，团队领导能有效应对知易行难的挑战，或可帮助领导者在企业经营过程中实现矛盾目标的对立统一。

第 4 章
凝心聚力　协同发展

高　昂　杨百寅

　　市场环境的复杂性对企业生存发展提出了新的挑战，在调配自身资源有效开展经营的同时，企业往往还需要主动求变以适应未来发展，一边是稳定另一边是变革，一边是短期绩效另一边是长期发展，利用（exploitation）与探索（exploration）这对概念恰好阐述了现代组织管理中隐含的双元（ambidexterity）悖论。这里的双元悖论概念与第 3 章提到的悖论式领导理念有异曲同工之妙，均包含对立统一的辩证思想，只是后者源于传统哲学，而组织双元则更多体现出了西方智慧。

　　面对多变的市场环境，组织要想取得成功往往需要同时处理好这对看似矛盾的目标，企业领导者在构建组织双元性方面发挥着重要作用，而仅凭一人之力兼顾利用与探索实现组织双元谈何容易？两位领导分工协作，共同构建双元型组织是否可能呢？谈到 Kingston（金士顿）大家一定不陌生，"花 8 亿给员工买房，出差赠旅游，没有绩效考核，上不上班自己看着办"的世界 500 强就是出自两位中国企业管理者的管理理念，做销售的杜纪川在与硬件工程师孙大卫的闲谈中发现了商机，随后二人挤在车库里开始创业之旅。

　　在我国的各类企业中，"董事长-首席执行官""首席执行官-首席运营官""首席执行官-总工程师""厂长-书记""经理-书记"协同领导的成功案例并不少见，"一个唱红脸、一个唱白脸""一个主内、一个主外""恩威并施、刚柔并济"……

　　两人共同领导不仅需要行为层面的协同，还需要权力层面的默契，两人协同领导并非一定要平分权力，譬如"首席执行官-首席运营官"式的组合往往默认首席执行官为权力核心。朴素的管理经验通常会从匹配的视角描述领导的有效组合，而"匹配"背后的有效性基础又是什么呢？我们不妨从组织双元性角度切入，融合有关领导权力分配的研究成果，探索领导组合引领组织协同发展的奥秘。

4.1　分工：分工合作聚力，领导双元互补

在国内，领导者协同管理企业的模式较为普遍。为数不多的组织管理研究大多以现象描述或定性讨论这种领导机制及其有效性，内容涉及此类领导配置制度的追根溯源、领导协同现象的阐述，以及外资企业中两位领导协同管理组织的案例描述。"厂长-书记""经理-书记""书记-校长"等领导模式虽已为人熟知，但令人惊讶的是相关研究却并不多见，学者更习惯于从个体角度研究领导力，因而缺乏对协同领导概念及其内在机制的系统性探究。例如，学者以某国有改制企业的"组织内关系"为样本展开案例研究，系统生动地展现了 1981—2010 年该企业中"厂长-书记""高层-中层""领导-部属"之间的关系演进，总结提炼出各类组织中领导与企业骨干间关系的"主从→人缘→朋友"式演变历程，以及领导模式的"集权→人缘→人心"式转型过程，从关系视角阐述了"厂长-书记"式领导实践故事。又如，中国情境下集体领导概念的提出，有着共同理想和价值观的领导集体在民主集中制下分工合作、集体决策以实现集体利益最大化的过程，该研究从概念上将其与授权型领导、参与式领导、共享式领导等进行区分，提出名实相符、和而不同、多样互补、创新变革、共同理想的完善集体领导的方法。尽管该研究关注领导班子全体成员而非组织的两位最高领导者，但相应观点对认识两人协同领导实践方面仍具指导意义。

4.1.1　组织双元性理论与领导力研究

我们选择从组织双元性理论视角切入，探讨分析两人协同领导行为匹配的有效性，为此首先对组织双元性与领导力关系研究的相关文献进行了系统梳理。

（1）组织双元性概念。面对复杂多变的市场环境，成功的组织需要在效率与灵活之间取得平衡，在保持管理一致性的前提下提升效率以应对当下局面的同时，还能灵活应变以适应未来市场，即组织需要保持双元性。管理大师詹姆斯·马奇有关利用与开发的著述被称为组织双元性领域的经典，马奇提出利用与开发的矛盾。为了当下的生存，组织需要充分利用当下资源；为了未来成长，组织则需要发展自身能力寻求创新。具体而言，

组织利用知识意味着管控、效率与稳定，开发知识涵指探索、自治与创新。已有研究发现，组织双元性对于组织销售增长、市场价值、提升创新能力等方面均有显著影响。

（2）组织双元性流派。1976 年 Duncan 首次提出组织"双元"的概念至今已 40 余年，学者对组织双元性的认识不断深入，根据组织双元性的不同实现途径，我们可以将以往的研究分为三个流派：时序双元（sequential ambidexterity）、同步双元（simultaneous ambidex-terity）、情境双元（contextual ambidexterity）。时序双元关注组织根据外部环境或战略调整自身结构，如 Duncan 指出组织可以根据战略适时调整结构，其双元性体现在结构的变化之中，效率与创新的平衡体现在时序的变化中。同步双元与时序双元相对应，关注组织通过结构设置同时寻求发展与利用，其又可称为结构双元（structural ambidexterity），若时序双元的模式或许无法有效应对快速变化的外部环境，组织可以通过设立不同的机构，任其选用不同的经营理念、流程、人员，以实现发展与利用的同步。时序双元与同步双元均从组织结构层面着眼探讨组织在利用与开发之间的平衡，其差异主要体现在时间上，而情境双元则提供了一个全新的视角，即在个体层面上实现组织的双元。情境双元可定义为组织内同时兼顾一致性与适应性的行为能力，其中一致性是指组织内所有活动协调连贯指向同一目标，而适应性是指组织迅速重配各类活动以适应环境变化，它们提出组织通过构建支持性情境鼓励员工根据自身情况平衡一致性与灵活性工作的权重以实现组织的双元。

（3）组织双元性与领导力。尽管高层领导在提升组织双元性方面扮演着重要角色，但是研究高管领导行为对组织利用和开发双元关系平衡影响的研究尚显不足。根据研究对象的差异，我们可将相关研究粗略划分为两类：前者主要关注领导个体的影响，后者主要关注高管团队的影响。

第一，领导个体。领导个体或间接或直接地影响着组织双元性，间接影响的研究关注领导个体的调节或交互作用，如领导的变革型领导行为对高管团队特征与组织双元性关系的强化作用。直接影响关注领导者个体特征及领导行为的主效应。也有学者以并购后组织内的团队领导为研究对象，指出领导的变革型领导行为通过文化构建（心理安全、意见包容、决策参与型文化）对团队双元性产生积极影响。组织高层管理者的变革型领导行为对组织的利用式创新没有显著影响，对组织的发展式创新有显著的正向影响，而交易型领导行为对发展式创新有显著的负向影响，对利用式创新有显著的正向影响。换言之，变革型领导或与发展式创新更为相关，而交易式领导与利用式创新更为相关。若从社交网络和社会资本的视角切入，研究者找到了团队领导者个人社交网络积极影响组织双元性的证据。在挖掘领导个体与组织双元性关系的时候，我们发现部分学者近年来的探索颇有意义：将双元性与领导相结合。譬如，在个体层面对管理者自身的双元性的讨论，认为双元性领导需要做好以下工作：①掌控冲突；②承担多项任务；③在不断总结的同时更新自身的知识、技能及特长。西方管理学家在对领导和创新关系进行荟萃分析的基础上提出了双元性领导的概念，强调领导者能够根据外部环境变化在开发和利用行为间自如切换，只有这样才能促进组织创新，提升下属的双元性。

第二，高管团队。从行为、特征视角来看高管团队对组织双元性的影响，在组织管理中高管团队需要处理大量信息并做出决策，其还要应对诸多矛盾或模糊的局面，而此过程对组织双元性有重要影响，然而学者并未对此过程进行详细说明。从行为整合视角切入，基于中小型企业高管团队的研究发现，以相互合作、信息交换、联合决策为特征的高管团队行为整合对组织双元性具有显著的正向影响。2009 年，Carmeli 和 Halevi 通过理论研究的形式以高管团队行为复杂性为中介深入探讨高管团队行为整合对组织双元性的影响。有学者从团队特征入手展开研究发现，团队共享愿景、一致性奖励对组织双元性有显著的影响，从公司创始团队的背景切入探讨高管团队组成对组织双元性的影响，结果发现构成丰富的团队（一部分成员以前有共同经历，另一部分成员以前有不同的经历）可以更好地处理利用与探索之间的关系，以实现组织双元性。

4.1.2　协同领导实现组织双元

从交易型领导到变革型领导，从追求本真的真实型领导到恩威并施的家长式领导，研究者从不同角度尝试探讨个人领导的风格及其影响，同时并未否认其对领导团队的价值。在企业管理实践中，或许会有天才型选手，一人统揽全局、平衡内外情况、兼顾过程与结果、同时实现创新与效率，很多创业型领导一人扮演多重角色，将看似矛盾的组织目标融入日常管理，这谈何容易！下面我们换个思路看待这一问题，若领导者能够依赖团队，并在组织层面上实现协同融合，不是也能达到同样的目的吗？

为了企业能够生存，组织需要充分利用当下资源谋求利润；为了未来成长，组织则需要发展自身能力寻求创新，这些都离不开企业高层的有效领导。利用意味着管控、集中、效率与稳定，探索则意味着授权、自治、发散与创新，系统提升组织的双元能力，领导集体不仅需要平衡"灵活-控制"，还要兼顾"内部-外部"。

（1）刚柔并济：灵活 vs 控制。企业管理者对组织竞争价值模型并不陌生（图4.1），制度规范、流程清晰往往是领导者追求的目标，部门间业务的无缝对接、日常工作的高效开展均离不开对组织的严格管控，不过在追求稳健的同时不能忽视组织的灵活创新。对环境变化保持敏感，及时调整、积极创新需要一个相对宽松的环境，"灵活-控制"看似对立的目标实则可以兼顾，如华为、阿里巴巴都是成功的案例。可说起来容易，做起来难，不少组织存在"一抓就死、一放就乱"的问题。一位领导者既"抓"且"放"并非难以实现，若有两位领导"一抓""一放"或许更为可行。

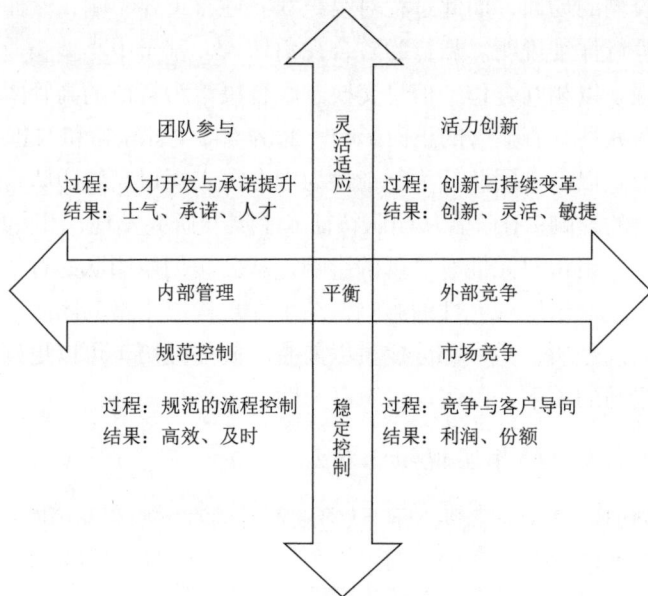

图 4.1　组织竞争价值模型

（2）内外兼修：外部 vs 内部。企业经营管理的复杂之处不仅体现在"灵活-控制"上，组织资源在"外部-内部"的分配也存在冲突，关注外部市场可以获取即时利润，注重内部成员可以提升组织柔性。领导者若仅仅关注人才投入，忽视市场效益，则企业难以生存；领导者若仅仅关注市场竞争，透支员工，则企业难以永续经营。参照部队管理，"司令抓作战，政委定人心"的模式或许可以借鉴，电视剧《亮剑》中李云龙和赵刚这对黄金搭档便给观众留下了深刻印象。

二人协同领导与传统的一元领导理论并非对立关系，高管团队成员并不是要挑战企业负责人的领导权威，而是要发挥个人特长协助企业负责人经营企业。就构建组织双元性而言，不过是将一个人的重任分由二人承担，依靠行为层面的协同统驭企业内外，平衡灵活与控制，将一人难以实现的任务分拆落实。

4.2 配置：明晰权力基础，适度平衡取胜

"天无二日，士无二王，家无二主，尊无二上"（《礼记》），中国历史典籍对组织领导多有此类论述，即主张一个组织不宜有两个领导。组织管理者习惯将二人协同领导模式与"政出多门""政令混淆"联系在一起，从而质疑其可行性和有效性。这种质疑的背后潜藏着这样的假设：二人协同领导模式需要平分权力。现实企业管理中，二人协同领导模式就不能有领导核心吗？换一个角度看，平权式的领导组合就"一定"不能引领企业取得成功吗？

领导组合并非一定要平分权力，依据权力的划分，我们可以进一步将领导组合区分为"层级模式"与"合伙模式"，前者存在权力核心，而后者多表现为权力双核结构。

在民营企业的管理实践中，我们可以观察到绝大多数成功领导组合都是层级模式，这与我们对二人协同领导模式的常识理解略有不同。在"董事长–总裁"组合中，董事长的权力往往大于总裁，即董事长为领导核心。譬如，SOHO 中国"潘石屹–张欣"组合，两人感情甚笃，但涉及公司发展决策问题时依然可能争论得不可开交。所谓"谋贵重，断贵独"，权力核心的存在保证了决策的统一，两位领导难免有时意见相左，一强一弱、一软一硬的性格搭配在此时即体现出其价值。当然在现实企业管理实践中，"合伙模式"也是存在的，董事长、总裁两人的权力不相伯仲，共同决策，呈现出"双核"结构。譬如，巨力索具股份有限公司的杨建忠、杨建国兄弟，在回忆创业经历时，杨建忠提到："我们从没有吵过架……所想的一切事基本上都很相像。"①创业时期二人共同制定公司发展战略，共

---

① 佚名. 2012-09-17. 巨力背后杨氏富人帮：杨建忠及 20 亲友家族财富 58 亿元. http://finance.ifeng. com/gem/story/20120917/7042038.shtml[2020-01-15].

同执行，二人对业务和管理的观点基本没有差异。巨力索具的发展实践恰好说明"合伙模式"同样可行。

中国国有企业中，总经理与党委书记都是正职领导者，总经理拥有企业生产经营的统筹执行权，而党委书记则致力于发挥党的领导和政治核心作用，同时参与企业经营决策。《中国共产党章程（修正案）》第五章中明确指出："国有企业和集体企业中党的基层组织，围绕企业生产经营开展工作。"层级模式下，两位领导者的权力一强一弱，但并不意味着弱的一方没有权力；合伙模式下，两位领导者形成"双核"结构，但从权力角度看也未必能够做到完全平等。企业经营管理实践中，两位领导的权力分配也可能处于动态调整过程中，若将其进一步区分为组织授予的正式权力与个人具备的非正式权力，则情况会变得更加复杂。在二人协作领导模式下，权力分布如何影响组织的发展呢？是权力集中更好，还是权力制衡更好呢？我们不妨参考目前已得到的一些研究成果。

领导者的权力是个多维度概念：结构权力是管理者在组织科层中的地位和权威的反映；专家权力则是管理者应对组织环境偶然性过程中体现出的专业能力，与其个人的教育水平、专业技术水平等直接相关。结构权力与专家权力可以通过不同的方式影响高管信息处理与做出决策的过程：领导者可以通过结构权力实现对信息处理流程的控制和不同意见的压制，从而影响信息处理过程中的话语权；专家权力则使领导者实现对特定信息的内容控制，从而影响到信息处理过程中的信息来源与选择的丰富性和多样性。这两种权力对信息处理过程存在着不同的影响路径，同时可能对组织的财务和创新绩效产生不同的影响。

财务绩效相对而言具有时效性和动态性的特点，反映企业的短期获利状况。中国当前的市场环境复杂多变，企业经营过程中面临的不确定性、紧急性、应变性决策较多，此时对于领导者信息处理效率的要求高于对信息整合深入程度的要求。在二人协同领导模式下，如果某一方的结构权力比另一方高，则其可以运用自己在组织中的地位优势，迅速做出决策，从而提升决策效率，进而有利于组织财务绩效的提高。同样，若某一方的专家权力高于另一方，则其可以运用自己的经验、知识优势来做出决策。反之，如果两位领导的权力分布较为平衡，需要双方进行协商才能做出决策时，有可能由于决策流程较长反而错过最佳反应时机。

创新是组织获得持续竞争优势并保持长期稳定发展的关键所在，组织的创新能力与领导班子的创造性决策息息相关。我们不妨设想两位领导者权力趋近平衡的情况，在涉及创新的信息处理上，他们更可能通过信息交流、碰撞产生创造性思想并做出决策，进而实现有效创新。我们从信息处理视角切入研究中国国有企业总经理和党委书记的结构权力与专家权力的分布对组织财务绩效和创新绩效的影响，基于 109 家国有上市公司的年度观测数据分析结果发现：专家权力集中对组织财务绩效存在显著的正向作用，对创新绩效存在显著的负向作用；结构权力与专家权力都集中于某一位领导者的组织，其财务绩效更佳但创新绩效较差；处于转型期的企业，总经理或党委书记的结构权力集中或专家权力集中对财务绩效的正向作用比处于发展期的企业更强。那么，这些发现意味着什么呢？此结论为政府机构在扮演国有资产监督管理者的角色、选拔国有企业领导者时提供了一定的参考。

从长期发展角度来看，企业选择专家权力更平衡的领导组合，对于组织长期的创新更为有利；但从短期经营角度来看，选择在专家权力方面更具有权威的单一领导者，对组织的财务绩效或许更为有利。此外，从企业生命周期视角看，企业在组建领导层时，需要考虑自身的发展阶段，如处于战略转型期、需要进行较大调整的企业，可能更需要一位强有力的领导者来力挽狂澜，以更好地组织和实施企业的战略转型。总体上看，企业选择在专家权力上具有绝对权威的负责人时，既需要综合考虑企业短期的财务绩效与长期的创新绩效的平衡，还需要根据企业所处环境和发展周期及时做出调整，只有这样才能有效规避决策风险，实现良性发展。

4.3 协同：同心协力创优，打破思维定式

通过与企业管理者和企业员工多次座谈，笔者发现即便是亲身经历过有效领导协同模式的人群，也会持有一些刻板印象，如"男女搭配效果更佳，同性组合会二虎相争"，又如"治企如齐家，男主外女主内的情况或许更多"……我们怀着好奇的心理对有关领导组合的成功实践进行了研究。通过对领导、双元、搭档、管理团队、成功组合、夫妻档、配合等关键词进行组合搭配，笔者在中国知网和百度综合检索各类中文版公开信息，检索到的二人协同领导组合数量比预期的要多，但部分企业领导者的公开资料却很少，如恒安集团的施文博与许连捷，两人多次携手进入福布斯富豪榜，但二人在网络上却很低调。出乎意料的是，笔者同时发现了许多欧美企业实行二人协同领导的成功案例。这次检索，笔

者共锁定成功（或曾经成功过）的双元搭档 40 对。从行业角度看，制造业有 20 对，占比最高。

从性别组成看，男女搭配在数量上并未占显著优势。40 对成功的领导组合中，男女搭档的共 20 对，男男搭档的共 20 对，无女女搭档的成功案例。从年龄结构看，老少组合并不显著多于同龄搭档。有年龄数据的 32 对中，年龄差大于 5 岁的搭档共 10 对，年龄差在 5 岁之内的共 22 对。从所有权结构看，二人搭档引领企业发展的成功模式常见于私营企业中。民营企业和外资企业并不受"党委书记-总经理"领导设置的约束，但二人彼此信任，互取所长的成功案例并不少见。但是，此结果并不意味着国有企业缺乏成功搭档，受企业文化、管理体制或保密政策等因素的限制，确实难以通过互联网获取更多国有企业领导的资料。

对检索结果做进一步观察，我们发现：男女组合多见夫妻档。在男女搭档的夫妻档企业中，大多数情况都是"男主外，女主内"。在男女工作搭档的企业中，男性把握战略、女性负责运营的情况更多。无论是异性领导搭档，还是两位男性领导搭档，年龄跨度或大或小，难寻一般性规律。从整体年龄结构与行为方式上看，年龄偏大的人更多地把精力放在企业外部，且表现出更为灵活性的一面。在少数几个有职位说明的企业中，年龄偏大的都表现出战略层面的专业性。恒安集团创业初期的情况比较特殊，两位领导分管香港和内地两个市场，在各自分管的市场中，两人都是内外兼顾，同时具备灵活及控制的双重倾向。

在阅读公开资料的基础上，笔者尝试根据领导分工模式将以上的成功搭档进行粗略分类，以启发大家思考。"战略+经营"式的搭档共有 12 对，此情况下通常会有一位领导者主要负责思考战略问题，另一位领导主要负责企业运营，后者或为前者的兄弟、故友。"技术+市场"式的搭档共有 12 对，此种搭配颇有特点，即一位领导者扮演技术专家角色，另一位领导者主要承担商业经营任务。"内务+外事"式的搭档共有 7 对，顾名思义，此种情况下一人主外，另一人主内。这并不是一种严格的划分，如产品技术专家同样会思考公司未来战略，也可能在企业内肩负其他事务，为帮助大家正确理解以下统计资料，我们将检索到的 40 对领导搭档列入表 4.1 中，以供参考（本表依据网络公开资料整理）。

表 4.1 企业领导组合编码表

序号	组织名称	所在行业	人物一	性别	人物二	性别	人物关系	龄差	合作特点
1	香江集团	家具/地产	翟美卿	女	刘志强	男	夫妻组合	0	内务-外事
2	环球雅思	教育	张永琪	男	张晓东	女	夫妻组合	2	内务-外事
3	重庆小天鹅	餐饮	何永智	女	廖长光	男	夫妻组合	2	内务-外事
4	当当网	互联网	李国庆	男	俞渝	女	夫妻组合	2	内务-外事
5	力帆集团	制造	尹明善	男	陈巧凤	女	夫妻组合	29	内务-外事
6	格力	制造	朱江洪	男	董明珠	女	工作搭档	9	内务-外事
7	Sapient	咨询服务	斯图尔特·穆尔	男	杰里·格林伯格	男	工作搭档		内务-外事
8	华为	制造	任正非	男	孙亚芳	女	工作搭档	11	战略-经营
9	华谊兄弟	娱乐/传媒	王中军	男	王中磊	男	兄弟搭档	10	战略-经营
10	海尔集团	制造	张瑞敏	男	杨绵绵	女	工作搭档	8	战略-经营
11	海信集团	制造	周厚健	男	于淑珉	女	工作搭档	5	战略-经营
12	海底捞餐饮股份有限公司	餐饮	张勇	男	杨小丽	女	工作搭档		战略-经营
13	今典集团	地产/电影	张宝全	男	王秋杨	女	夫妻组合	10	战略-经营
14	微软公司	软件	比尔·盖茨	男	史蒂夫·鲍默	男	工作搭档	1	战略-经营
15	英特尔	制造	格鲁夫	男	贝瑞特	男	工作搭档	3	战略-经营
16	戴尔	制造	迈克尔·戴尔	男	凯文·罗林斯	男	工作搭档	11	战略-经营
17	SMART	软件	David Martin	男	Nancy Knowlton	女	夫妻组合		战略-经营
18	思爱普	软件	孔翰宁	男	哈索·普拉特	男	工作搭档		战略-经营
19	脸书	互联网	扎克伯格	男	雪莉-桑德伯格	女	工作搭档	15	战略-经营
20	威盛电子	制造	王雪红	女	陈文琦	男	夫妻组合	3	技术-市场

续表

序号	组织名称	所在行业	人物一	性别	人物二	性别	人物关系	龄差	合作特点
21	富力地产	地产	张力	男	李思廉	男	工作搭档	4	技术-市场
22	慈铭体检	健康	韩小红	女	胡波	男	夫妻组合	2	技术-市场
23	东易日盛	装饰	陈辉	男	杨劲	女	夫妻组合	1	技术-市场
24	华伦天奴	制造	拉瓦尼·瓦伦蒂诺	男	詹卡洛·贾梅蒂	男	工作搭档	5	技术-市场
25	索尼	制造	井深大	男	盛田昭夫	男	工作搭档	13	技术-市场
26	本田	制造	本田宗一郎	男	藤泽武夫	男	工作搭档	4	技术-市场
27	谷歌	互联网	拉里·佩奇	男	塞尔盖·布林	男	工作搭档	0	技术-市场
28	Kingston	制造	杜纪川	男	孙大卫	男	工作搭档	11	技术-市场
29	拓日新能	制造	陈五奎	男	李粉莉	女	夫妻组合	3	技术-市场
30	苹果	制造	乔布斯	男	沃兹涅克	男	工作搭档	5	技术-市场
31	SOHO中国	地产	潘石屹	男	张欣	女	夫妻组合	2	技术-市场
32	高盛集团	银行	约翰·温伯格	男	约翰·怀特海德	男	工作搭档		相互商量-其他
33	巨力索具	制造	杨建忠	男	杨建国	男	兄弟搭档	0	相互商量-其他
34	恒安集团	制造	施文博	男	许连捷	男	工作搭档	3	早期按地域划分
35	滴滴出行	互联网	程维	男	柳青	女	工作搭档	5	不确定
36	晨讯科技	制造	杨文庆	女	王祖同	男	夫妻组合		不确定
37	Imangi Studios	信息通信	谢珀德	男	卢克亚诺娃	女	夫妻组合	2	不确定
38	温斯坦公司	艺术/文娱	鲍勃·温斯坦	男	哈维·温斯坦	男	不确定	2	不确定
39	Ben & Jerry's	制造	本·科恩	男	杰里·格林费尔德	男	工作搭档		不确定
40	惠普	制造	帕卡德	男	休利特	男	不确定		不确定

"兵无常势，水无常形"。(《孔子兵法·虚实篇》)企业管理也是一样的，水因地而制流，兵因敌而制胜，面对变化要敢于创新，这样企业才能健康发展。在提升组织双元能力、应对日益复杂的市场环境、解决纷繁复杂的经营问题上，两个人凝心聚力、共同领导员工实现探索与利用的融合彰显优势。领导协同以思想统一为前提、彼此信任为基础、分工协作为保障，其适用于各类企业的各个管理层级，二人分工可有效处理诸如"灵活-控制"等对立问题，两人协作则可在组织或团队层面实现竞争目标的平衡，规避一人分饰多角的潜在风险，当然这也并不意味着两位领导协作就"一定"比一个人单打独斗的效果更好。当代企业管理者更重要的是应具有系统性的批判思维，从而打破传统思维定式的束缚。

马　琳　董雅楠

联想集团董事局前任主席柳传志认为，联想集团的成功归功于三个要素——搭班子、定战略、带队伍。他将搭班子放在第一位，足见领导班子对企业成长发展的关键作用。领导班子的有效互动和协作是企业稳定发展的关键，正所谓"兄弟同心，其利断金"。如果在高管团队协作过程中，各领导之间面和心不和，甚至明争暗斗、互相拆台，那么团队势必内耗丛生、矛盾不断、人心涣散。集体领导要求领导团队应相互信任和相互支持，只有这样才能充分发挥每位高管成员的优势，提高领导班子的整体效能，让领导班子成为企业团队的指挥中枢，进而调动公司全体员工的积极性、主动性和创造性，同舟共济，齐心发展。

为了更有效地帮助高管团队提升集体领导力，发挥集体领导班子的整体效能，本书进行了一系列探索性的研究，旨在帮助企业全面认识团队潜在的冲突，有针对性、高效地解决冲突，打造团结合作、彼此信任支持的集体领导班子。

5.1　辨析：认知冲突有益，情感冲突有害

在组织中，人与人之间或群体与群体之间在相互交往的过程中，彼此产生的意见分歧、争吵、关系紧张等不兼容的状态称为冲突。冲突是不可避免、客观存在的社会现象，并且无处不在。

在企业实践中，无论是领导班子还是团队成员之间钩心斗角、相互猜忌、扯皮和拆台的现象时有出现。团队的冲突问题，特别是高管团队的冲突问题，一直是学术界和企业界关注的热点与亟待解决的难题。

5.1.1　观念：冲突的利与弊

早期传统观点认为冲突都是有害的，认为冲突降低了组织效率、消耗了生产力、给组织和个体带来了压力，最终造成生产力的消耗，降低了员工工作满意度，甚至导致团队凝聚力下降和员工流失。直到 20 世纪 40 年代末至 20 世纪 70 年代，冲突管理学者建议企业应该接纳冲突，认为融洽、安宁的组织会使企业失去活力，适当的冲突则有利于促进组织健康发展。冲突可以刺激冲突双方主动思考、深入探讨问题、权衡利弊得失、检验方案逻辑、增进对合作双方的了解，从而帮助个体和团队做出最优决策，制订更有创造力的解决方案。适当的冲突还能够防止企业对外界快速变化的环境反应迟钝，增强危机意识，激发创新活力。

然而，受倡导“和为贵”的传统思想的影响，国内一些管理者常常把冲突视为管理的死敌，致力于压制冲突、营造“和谐”的局面，这往往使得团队思想僵化、缺乏活力。而真正的冲突管理要求高管团队激发出组织中的建设性冲突，倾听企业内不同的声音以提高决策质量，同时抑制破坏性冲突带来的消极影响，这就要求领导者首先要能够识别冲突，理解组织发展中冲突存在的不同类型，这能帮助领导者在第一时间摸清冲突发展的原因、类别和程度，从而能够针对不同冲突情况，采取相应的管理办法。

5.1.2　内涵：冲突的分类与测量

大多数组织学者将冲突分为认知冲突和情感冲突两类。认知冲突（也称为建设性冲突）是指人与人之间、群体与群体之间就工作任务、目标、内容、方式方法方面产生的意见分歧。这种冲突被认为是“建设性”的，因为该类冲突聚焦于工作问题时，参与者希望得到不同的建议和新的思路，从而能够有效解决工作中遇到的问题。情感冲突（也称为关系冲突）是指聚焦于人与人之间的情感矛盾，是冲突双方彼此不喜欢、反感、厌倦、恼怒对方的消极情绪。情感冲突会带来强烈的负面情绪，从而降低彼此信任、破坏团队沟通与合作，最终不利于组织健康发展。

事实上，无论是领导班子还是团队成员都可能会产生认知冲突，或对工作内容和任务存在不同的意见、想法及观点；也会由于性格、价值观和个性不合彼此反感或厌恶，从而引起情感冲突。然而，组织冲突的表现远远不止这两点。在企业管理实践中，成员之间还会基于其他因素彼此竞争或产生争议；勾心斗角、相互猜忌、扯皮和拆台的现象也时有出现。那么，企业管理中都存在哪些冲突现象？带着这一问题，我们通过对 9 家企业的

79 名管理者和员工进行访谈，采用规范的质性研究，深入讨论了企业中存在的冲突现象，并开发出帮助企业测量冲突水平的有效量表。

通过文献分析和访谈调研，笔者发现，冲突是双方或多方不兼容的行为表现，除了认知冲突、情感冲突，还包括利益冲突和行为冲突。本书将文献分析与质性研究的结果相结合，参考国内外学者已开发且被多次验证的冲突量表条目，通过探索性因子分析和验证性因子分析，在厘清了认知冲突、情感冲突、利益冲突和行为冲突内涵的基础上，进一步编制了测量企业团队冲突水平的测量量表，该量表可以有效帮助企业及时了解团队成员在认知、情感、行为和利益四类冲突上的程度，具体内容如下所述。

（1）认知冲突，定义为与工作任务相关的摩擦和不兼容，是双方对工作内容、思路、问题等不一致意见的讨论、沟通或争辩。测量条目包括：部门内时常有不同的想法；部门有些同事在工作中常常会出现意见相左；部门有些同事在工作上经常有不同的观点；部门有些同事常对"谁应当做什么"存在不同意见；部门有些同事看问题的角度经常不同。我们可以通过询问组织成员对上述五种现象描述的看法来测量组织内的认知冲突水平。例如，非常同意请打 5 分，较为同意请打 4 分，中立请打 3 分，较为不同意请打 2 分，非常不同意请打 1 分。之后将五个条目的得分加总平均所得分数即为该成员感受到的组织内的认知冲突程度，得分越高，说明认知冲突程度越高。认知冲突可以为团队提供有价值的思路、建议和方法，思维的碰撞有助于带来创新的想法、提供问题解决办法、提高团队决策质量，学术界往往将其称为建设性冲突。但当认知冲突超过一定强度时，成员倾向于将原本针对工作的不同意见视为对个人的反对或不支持，这往往会造成人际关系的隔阂与摩擦。

（2）情感冲突，定义为与情绪情感相关的摩擦和不兼容，是双方消极情绪的表达，如瞪眼、讨厌、生气、恼怒等。同样，我们可以通过询问组织成员对下述五种情感冲突表述的看法来测量组织内的情感冲突程度：部门有些同事之间关系紧张；部门有些同事经常性格不合；部门有些同事在一起工作时常会不高兴；部门有些同事在一起工作时常表现出厌烦的情绪；部门有些同事在一起工作时常常很沮丧。情感冲突会使团队成员之间失去信任、带来消极情绪、降低凝聚力，成员不再愿意为集体付出，最终团队的创造力、绩效都会下降。

（3）行为冲突，定义为破坏性的对抗行为，是双方阻碍对方的干扰行为，如打架、抵制、攻击、陷害等。行为冲突的测量条目有：部门有些同事常会妨碍或干扰他人的工作；部门有些同事常故意不支持他人的工作；部门有些同事常给别人使绊子，拆对方的台；部门有些同事常不配合他人的工作；部门有些同事常拉帮结派，搞小团体。行为冲突是成员之间公开反对彼此，且具有破坏性的行为表现，对组织发展有极为消极的影响。行为冲突严重破坏了内部团结，导致小利益团体的出现。

（4）利益冲突，定义为利益相关的摩擦和不兼容，是双方对资源、收入、权力和地位的竞争，主要包括如下情形：部门有些同事常会为个人利益相互竞争；部门有些同事常会暗自竞争晋升的机会；部门有些同事常会为个人经济利益产生分歧；部门有些同事在评优/评先进中，明争暗夺；部门有些同事常为个人在组织中的地位暗中较劲。通过询问组织成员对上述五种利益冲突表述的看法可以衡量出组织内的利益冲突水平。

从短期看，成员之间对利益的竞争会促使彼此更加努力工作，争取业绩上的提升；但是从长期看，无论是领导班子还是团队成员，个人利益的争夺会削弱成员之间的合作意识。较高的利益冲突使得团队成员将个人利益放置于集体利益之上，团队成员之间可能会出现内讧、互相排挤、损害他人及团队共同利益的现象。

本书的研究成果发展了已有学者对冲突的认识，将冲突定义从感知层面上升到显性的表达层面进行讨论，不仅加深了对组织冲突的认识，而且可以将不同类型冲突进行有效区分，解决了以往研究层次不一致的问题，更为了解企业冲突程度提供了更科学的冲突测量工具。

5.1.3　化解：冲突的认识与分层

冲突是组织中出现的一种不可避免的现象，尽管一些研究已表明，冲突具有功能性的一面——认知冲突，但认知冲突的建设性作用需要在一定的条件下才能发挥出来，如成员间拥有合作包容的态度、情感冲突程度很低等，且这种建设性作用多发生于高管团队。而在普通团队中，更多的研究结果均呈现了冲突的负向影响。本书研究发现，四种类型的冲突起因不同、侧重点不同，为了有效管理冲突，企业的首要任务应该是正确认识冲突，辨别组织中发生的冲突类型，只有这样才能分析矛盾的根源，进而对症下药。

认知冲突虽然有益于企业，能够给组织带来新的视角，帮助企业及时发现和解决问题，并促进团队创造力的提升。然而，当我们参与到建设性的争论中，当别人对我们的观点产生怀疑时，难免会激发我们的竞争意识，激起自己维护形象的意愿，甚至会产生利益冲突。更有甚者会认为他人的不同意见并非针对工作本身，而是针对自己本人的，从而心情不好，甚至产生情感冲突。当情绪失去控制时，冲突双方可能会发生口头或肢体冲突，认知冲突演变为行为冲突。认知冲突、情感冲突、利益冲突、行为冲突之间相互联系、相互转化，在冲突发生时，若组织想发挥建设性冲突，抑制其他非建设性冲突，就需要抑制认知冲突与其他冲突之间的转化，这就需要企业加强领导、员工在冲突认知方面的培训，帮助领导和员工区分建设性冲突与其他三种非建设性冲突，将重心放在产生矛盾的工作问题和事件内容上，而非情绪情感、语气表达上。

利益冲突是组织中冲突的一种不容忽视的形式，与认知冲突、情感冲突、行为冲突不同，利益冲突是结构性、根本性的矛盾，由人类天性及资源稀缺性共同决定。因此，在组织中出现多重冲突问题时，应分清主次，优先化解利益矛盾，增强组织公平感，促使团队利益趋向一致。

在利益冲突解决的同时抑制情感冲突和行为冲突，这样能够有效降低冲突给企业带来的不利影响。这就要求组织加强对管理者尤其是基层管理者在冲突认识方面的培训，让管理者了解化解冲突的重要性，并明确冲突的表现形式。只有这样才能帮助管理者快速抓住要害问题，解决主要矛盾，及时化解团队成员之间的冲突。同时，企业领导者应建立并完善公开透明的激励机制与晋升制度，重视选拔培育优秀骨干，向下属传递实现职业发展的正确信号，为其提供成长发展空间，从而有效激励员工努力工作，凭借个人能力素质而非政治行为进入优秀骨干行列。通过领导者积极搭建以优秀骨干员工为核心的"传、帮、带"平台，一方面强化榜样作用，另一方面加强成员之间的沟通和学习，有效发挥冲突的建设性作用，促进团队良性发展。

5.2 决策：鼓励认知冲突，抑制情感冲突

企业的成长发展，企业负责人与高层管理团队起着关键的作用，因此他们之间的互动及其有效性已逐渐引起组织管理领域学者的关注。然而，现有的研究往往关注高管团队整体的人口统计特征对团队或组织绩效的影响，在一定程度上忽略了企业负责人在决策团队中的重要地位与作用，对企业负责人如何影响高管团队及组织绩效这一"黑箱"更是缺乏足够的关注。此外，集体领导和民主决策是中国企业高管团队中广泛存在的管理实践，但目前一些企业的集体决策制度流于形式或走过场；决策往往由企业负责人做出，之后高管团队未经深入讨论便决议通过，这极可能导致团队内部的不良冲突，甚至对决策的质量与执行效率产生消极的影响。

在领导力研究领域，学者呼吁更多的关于文化制度因素对高管团队行为和组织结果影响的本土化研究。家长式领导是源于中国本土的一种三元领导模式，对企业组织效能的解释力不同于西方领导理论。仁慈领导是指领导者对下属个人及家庭给予个别、全面、长久的关怀，包括个别照顾、体谅宽容等行为。德行领导是指领导者展现较高的个人操守和道德品质，尤其是公私分明、以身作则等树德行为。威权领导是指领导者强调个人的绝对权威，并对下属进行严格控制，包括专权作风、贬损下属能力等行为。目前大部分实证研究指出，家长式领导的三个维度（威权、仁慈和德行）会对组织产生截然不同的影响，导致学者对家长式领导这一整体构想的效度提出了质疑。一些学者把其归因于中国社会文化大环境的变革，呼吁进行更进一步的本土化研究。

西方哲学认为矛盾双方不可兼容、相互排斥，有学者认为仁慈与威权这两种对立的风格不可能出现在同一个领导者身上，故而质疑家长式领导是否是有效的领导概念。中国的传统哲学则认为矛盾是相互依赖、相互联系的对立统一。家长式领导的三元行为模式源于儒家文化价值体系。儒家注重以"仁""义""礼"等思想规范调整人伦关系。"仁"强调互惠、和谐和回报，促成了家长式领导的仁慈风格。"义"和"礼"则强调领导者的道德表率规范，前者要求领导者自律并以身作则，后者要求领导者对待下属一视同仁，故成为德行领导的思想根源。威权领导则源于儒家的等级次序，强调领导者的权威与下属的服从。根据传统哲学，"仁""义""礼"思想与等级次序这样矛盾的价值观可以在儒家思想体系中共存，也就催生了家长式领导这一融合了仁慈、德行与威权这三种矛盾的风格的本土化领导理论。

以往人们认为团队冲突是负面的组织行为，应该予以限制。近年来的研究发现，冲突可以分为认知和情感两个维度并可能产生不同的效果。也就是说，认知冲突和情感冲突对团队绩效的作用犹如一把双刃剑。具体而言，在高管团队决策过程中，成员之间的冲突是不可避免的，基于决策任务的认知冲突或许是建设性的，有利于提高成员之间的信息交换、信任与合作；而基于人际关系的情感冲突则很有可能是破坏性的，对信息交换、信任与合作关系往往会产生消极影响。在中国具体情境下，企业负责人的领导风格是否影响高管团队内部冲突的性质与程度呢？企业负责人的家长式领导风格能否有效地化解团队内的破坏性冲突或促成良性冲突？企业负责人的家长式领导风格及与高管团队的互动，对于决策质量和效果又会产生什么样的影响呢？

带着这些问题，我们运用来自 108 个公司的有效数据，探讨了高管团队内部冲突在企业负责人家长式领导风格与团队决策有效性之间的中介作用。研究结果表明，企业负责人的仁慈领导和德行领导风格对团队决策有效性有积极的影响，但权威领导风格对决策有效性的影响则是消极的。研究成果发现了在中国具体情境下高管团队的内部冲突有着与西方企业相同的效果，即认知冲突是建设性的，能够促进高管团队决策的有效性；但是，团队的情感冲突的作用则是消极的。此外，团队冲突部分介绍了企业负责人家长式领导的三种风格与团队决策有效性之间的关系。企业负责人越仁慈，品德越高尚，团队决策质量越高，团队成员对决策的理解和承诺越一致，情感接受性也就越高。企业负责人的仁慈行为通过鼓励成员积极参与决策来提高决策质量，通过对成员及其家庭给予关怀来促进成员对决策的理解一致性、承诺一致性和满意度，并维持成员对团队及彼此之间长期的积极情感；企业负责人的德行风格则通过自我道德约束和行为表率，促使团队做出代表集体利益的高质量决策，并通过提高成员对决策公正的感知，从而得到他们的认同和效法，加强他们对决策的承诺和理解一致性。这是因为仁慈领导的宽容和德行领导的公正使团队成员敢于表达多样化、异质性的观点，有利于认知冲突的产生，也有助于团队内形成和谐的人际关系，避免或减少情感冲突。

反之，企业负责人的威权风格则会降低决策质量，降低决策执行效率，甚至会引起团队成员的不满。企业负责人的威权行为虽然可能促使团队快速做出决策，但其"由上而下的单向沟通"、"坚持重要决策自己说了算"和"严格垄断决策关键信息"等专权作风却会降低决策的质量并影响执行效果。而威权领导的专权作风，使团队成员相应地表现出公开附和、不公开冲突及不唱反调的顺从行为，这不利于认知冲突的产生。团队的人际关系亦不能实现真正的和谐，成员之间容易产生情感上的隔阂，进而引发情感冲突。

我们的研究还发现，在中国传统辩证思想文化的熏陶下，企业负责人家长式领导作为一个整体的、动态的和辩证的概念能够恰当地整合看似矛盾的三个维度。随着中国教育水平及民主程度的提高，权威领导正在弱化，仁慈与德行领导受到更多的关注，认知冲突得到增强，因此当代中国员工可以做出更有效的管理决策。

对于团队冲突这柄双刃剑，高管团队内部必须维持适度的认知冲突和较低水平的情感冲突。而企业负责人的家长式领导对团队决策效果的影响是建立在如何有效地进行冲突管理基础上的，即企业负责人与团队成员应该适当鼓励建设性冲突并抑制破坏性冲突。高管团队内部应该积极营造"鼓励认知冲突，抑制情感冲突"这样的氛围。如何正确运用"恩威并施、以德服人"

这个看似对立的传统领导方式，是摆在每个中国企业领导者面前的课题。

5.3　应对：合力解决问题，构建集体领导

　　冲突管理研究是在冲突双方进行协商或争论解决的背景下提出的，关注的是各种不同的冲突处理类型或者冲突解决模式，以及在特定情境下各种类型模式的有效性问题[①]。冲突管理是指用一定的干预手段改变冲突的程度和形式，以最大限度地发挥其益处并抑制其害处，是由认知、诊断、处理、效果和反馈构成的系统过程。据美国管理学会进行的一项对中层和高层管理人员的调查，管理者平均要花费 20%的时间处理冲突，且大多数的成功企业家认为冲突管理是管理者必备的素质与能力，排在决策、领导和沟通技能之前。当冲突出现的时候，很多领导者都急于尽快解决矛盾，但却不知道从何入手。针对这一问题，本书对冲突管理风格的已有研究成果进行了分析和总结[②]。

5.3.1　整合：冲突管理的双赢策略

　　冲突管理风格的研究主要是基于 Blake 和 Mouton 在 1964 年提出的冲突二维模型发展起来的，依据关注自我和关注他人两个维度对个体冲突管理方式的不同类型进行了界定。根据冲突个体在这两个维度上体现出的不同倾向程度，组合成以下五种类型的冲突管理方式，分别为整合型、回避型、支配型、迁就型和妥协型，如图 5.1 所示[③]。

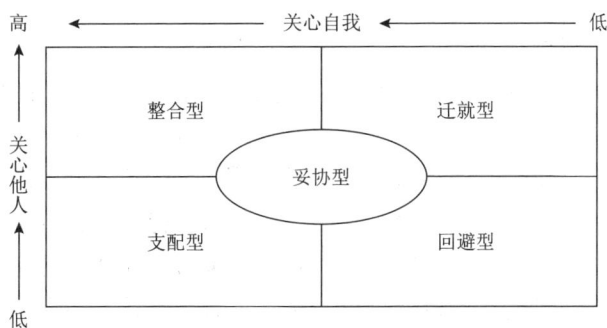

图 5.1　冲突管理方式的类型划分

---

　　① Friedman R A, Tsai J C, Currall S C, et al. 2000. What goes around comes around: the impact of personal conflict style on work conflict and stress. International Journal of Conflict Management, 1(1): 32-55.

　　② 马新建. 2007. 冲突管理：一般理论命题的理性思考. 东南大学学报（哲学社会科学版），9(5)：62-67.

　　③ Roger J V, Bergmann T B. 1995. Conflict styles as indicators of behavioral patterns in interpersonal conflicts. Journal of Social Psychology, 135(1): 5-15.

第一，整合型是指冲突双方通过积极地解决问题来寻求互惠和共赢。其特征是双方乐于分享信息，并善于在此基础上寻求最佳解决方法。通常情况下，整合型是首选的冲突管理方式。当当事人发现双方考虑的事情都十分重要以至于不能进行妥协或折中时；当当事人的目的是学习时；当当事人希望考虑不同人的不同观点时；当当事人需要通过融合双方的考虑事项以达成共识进而获得对方的认同时；当双方没有完全对立的利益，彼此有足够的信任和开放程度来分享信息时，整合型可以更加有效地发挥作用。

第二，回避型是指冲突双方试图通过逃避问题的方式来化解冲突。这种比较消极的冲突管理方式在应对不太紧要的问题时比较有效。此外，当一些人认识到不可能满足自身利益时；当事项解决后可能产生的破坏超过解决方案所带来的利益时；当为了让当事人冷静下来并重新思考时；当收集信息比立刻决策更重要时；当其他人能更有效地解决该冲突时，可以运用回避型冲突处理方式。

第三，支配型是指冲突双方以牺牲他人的利益为代价，试图在冲突中占据上风或者掌握主动权。这种极端不合作的冲突管理方式通常并不是最佳的解决方案。但是，当亟须对重要事项采取迅速、果断的行动时（在紧急情况下）；当需要实施一项不受欢迎的重大措施时（削减开支，推行一项不受欢迎的规章制度、处罚）；当该事项对组织的利益极为重要，而当事人又知道自己是正确的时；当为了应付那些从非竞争性行为中受益的人时，这种管理方式也是必要的。

第四，迁就型是指冲突一方完全屈从于他人的意愿，而忽视了自己的利益。当当事人发现自己是错的，希望倾听、学习一个更好的观点，并能表现出自己的通情达理时；当某事项对别人比对当事人更重要，并可以满足别人和维持合作时；当当事人为了对以后的事情建立社会信任时；当别人胜过当事人，为了使损失最小化时；当融洽与稳定至关重要时；当当事人允许下属通过从错误中汲取教训以获得进步时，迁就就是比较有效的方式。但是，它容易使对方得寸进尺，从长远看，迁就并不利于冲突的彻底解决。

第五，妥协型是指冲突双方试图寻找一个中间位置，使自身的利益得失相当。当双方势均力敌，且解决分歧的时间期限比较紧迫时，妥协是比较有效的；当目标十分重要，但不值得采用更加独断的方式来造成潜在的破坏时，也可以采用这种管理方式。但是，由于损害了双方的共同利益，这种管理方式往往难以产生令人非常满意的问题解决方法。

关于冲突管理方式的早期研究中，一些学者认为个体面临冲突时采取的处理解决方式具有跨时间、跨情境的稳定性，是一种相对稳定的个体倾向[①]。有研究发现，"大五"人格特质与冲突管理方式之间存在显著的相关关系，有耐心、责任感强的人更愿意采取整合型的冲突处理方式，而情绪不稳定的个体更倾向于采取逃避型或支配型的冲突处理方式[②]。还有研究发现，个体的认知闭合需求也与冲突管理方式有关，高认知闭合需求的个体有强烈的动机去寻找明确的答案，更倾向于采用整合型冲突管理方式，而低认知闭合需求的个体对模糊性的容忍程度较高，则更愿意采取妥协型的方案[③]。此外，个体情绪也会影响冲突管理方式的选择，积极情绪的个体更愿意采用整合型的冲突管理方式，而消极情绪的个体更倾向于回避冲突[④]。除了个人因素外，特定的冲突情境也会影响冲突处理方式，如在组织工作情境下个体所处的职位、团队角色、工作期望、工作经验、冲突对象及对方权力等都将对个体冲突管理方式的选择产生影响[⑤]。

已有理论研究已经多次表明，整合型的冲突处理方式是最有效的双赢策略。一般认为，倾向于合作及问题解决导向的冲突管理方式（包括整合型、妥协型）有助于团体内部个体对任务的共同关注，对解决方案积极进行信息收集，能够给组织带来积极的绩效结果。而回避型和迁就型的冲突管理方式通常被认为缺乏响应及参与，将会导致对备选方案进行评价判断的信息不完全，进而可能会降低决策质量，这不利于团队绩效的提高。在冲突解决过程中，主导型冲突管理方式体现出的竞争性，认为其不利于冲突问题的解决，同时可能影响团队凝聚力及绩效。

5.3.2　引导：冲突管理的积极对应

冲突管理的策略决定了冲突处理过程中的效率，为促进团队进步、企

① Friedman R A, Tsai J C, Currall S C, et al. 2000. What goes around comes around: the impact of personal conflict style on work conflict and stress. International Journal of Conflict Management, 1(1): 32-55.

② Barbuto J E, Phipps K A, Xu Y. 2010. Testing relationships between personality, conflict styles and effectiveness. International Journal of Conflict Management, 21(3): 434-447.

③ Bélanger J, Pierro A, Barbieri B, et al. 2015. Handling conflict at work: The role of fit between subordinates' need for closure and supervisors' power tactics. International Journal of Conflict Management, 26(1): 25-43.

④ Montes C, Rodríguez D, Serrano G. 2012. Affective choice of conflict management styles. International Journal of Conflict Management, 23(1): 6-18.

⑤ Drory A, Ritov I. 1997. Effects of work experience and opponent's power on conflict management styles.International Journal of Conflict Management, 8(2): 148-161.

业发展，冲突管理策略不应仅定位于消除冲突，而应围绕组织目标引导冲突，领导层可致力于构建企业全体员工共同遵守的交流机制和合作规则，发挥冲突对组织的建设性作用。

1）构建冲突管理预警机制，及时发现冲突

高层管理团队的冲突是客观存在的，如果冲突严重不能及时控制，可能会引起高层管理危机，因此建立高层管理团队的预警机制很有必要。

构建冲突管理预警机制的原则有如下四个方面。第一，对冲突变动情况进行监测和评价，以此明确冲突的安全状态及变动趋势。第二，对冲突产生的内外部环境进行监测，以此明确企业高层管理成员所处的环境及由此对冲突产生的正面或负面的影响。第三，建立冲突预警管理活动的评价指标体系，其可分成二类指标：一类是评价指标，另一类是预警指标。第四，必须组建预警部门。通过监测、识别、诊断、评价等步骤来分析企业面临的冲突状况，然后把分析结果反馈给决策部门，采取相应措施及时进行控制。

2）树立团队成员的共同理想，促进共同愿景

高层管理团队应共同参与企业共同愿景和目标任务的设计与确认，让团队成员拥有共同的工作目标和方法，并互相协作[1]。

合作与竞争理论认为，每个人都是自利的，每个人对别人的行为和感受依赖于他们感知的相互间的利益是合作关系还是竞争关系。当人们认为他们之间的目标彼此一致或相互促进时，群体的合作行为就会因此而生。相关调查显示，高效的高层管理团队总是能把工作重点放在与核心问题相关的难题和事情上，致力于解决问题和矛盾。反之，如果高层管理团队缺乏共同目标，就容易将彼此置于竞争的位置，做出符合个人利益而非有益于集体利益的决定。合作的团队拥有共同目标，成员之间为最大化实现集体利益会用包容和真诚的心态讨论彼此在相关议题上的异议，运用集体智慧寻求最优方案，为团队取得更高的绩效而努力。

需要注意的是，高管团队成员的价值观念往往存在差异，不同的信仰、习惯、知识结构会导致他们对其他成员的行为举止不理解或产生不满情绪。同时，不同的价值观念还可能造成对正确批评产生误解，甚至可能会产生反感、厌恶的消极情绪。在这些情况下，高管团队成员一致的目标可以有效缓解价值观差异引起的情感冲突，因为他们知道所有人都是为了集体利

---

① 孙海法. 2003. 领导策略与团队管理. 广州：中山大学出版社.

益在努力，这种大局意识能有效促进成员之间的包容和理解，情感冲突的负面效应得到大幅度减弱。

3）增强团队内聚力，弱化异质性的负面影响

内聚力是指团队内部成员之间相互吸引的程度，是体现团队成员之间社会关系的一种状态。具有内聚力的团队成员会对别的成员表现出深厚的感情、更多的信任和更高水平的满意感，会对整个团队表现出情感性的吸引力。由于成员之间彼此熟悉，所以具有内聚力的团队与那些内聚力低的团队相比，具有更高水平的认知冲突和较低水平的情感冲突。

由于认知冲突和情感冲突、利益冲突、行为冲突之间均存在着正相关关系，当异质性促进产生认知冲突的同时也埋下了情感冲突的隐患，使冲突管理陷入两难境地。所以，当各种冲突发生时，内聚力是凝聚团队成员的强大向心力①。具有内聚力的团队成员即便存在意见分歧，也很少将他们的矛盾纷争针对个人，即使团队成员相互批评，但也只会就事讨论，而不会对批评产生猜忌。内聚力有效抑制了认知冲突向情感冲突、利益冲突、行为冲突的转化，是抑制非建设性冲突的有力武器。

4）以合作为团队主导模式，增强团队协同性

协同性是产生有效的认知冲突管理的一个关键因素。当团队成员彼此协作、沟通顺畅时，团队内部的情感冲突、利益冲突和行为冲突会得到有效降低。

在我国，一些企业出现高层领导各自孤立的情况，领导的隔阂和矛盾造成部门间冲突与对立的情况时有出现。受传统文化的影响，高层管理者往往习惯于维护所辖部门和原来部门的利益，奉行本位主义，在公司内形成了不同的小团队。这与现代高层管理团队强调基于合作目的共同管理、共同决策大趋势相违背，造成个人利益或小团队利益的冲突，最终损害公司利益。缺乏协同性时，成员都认为其他成员的目的和动机是出于自身的考虑而不是团队的利益，他们会错误地认为存在着他人对自己利益的威胁。在这种情况下，成员之间的差异性将会转变，甚至引发彼此反感、憎恶、争夺个人利益并钩心斗角，大大增加了组织内耗。这就要求企业在强化共同目标的同时，还应该加强团队之间的配合与协作，如搭建平台促进团队之间的沟通和了解、加强沟通方式方法的培训、对沟通中存在的问题及时反馈、细化工作说明书、明确合作步骤和责任人等，通过提升团队协同，

---

① 孙海法. 2003. 领导策略与团队管理. 广州：中山大学出版社.

提高决策质量并促进绩效提升。

5）丰富高管团队知识结构，保持团队适度规模

保持高管团队适度的知识异质性会带来不同的观点并拓宽视野，这有利于产生建设性冲突，促进决策质量的提高。

就我国企业而言，高层管理者正处于由行政任命式向规范化的职业经理人转换的阶段，在麦肯锡对我国高层经理所做的调查中，仅有 20% 的经理认为自己的团队业绩优良。如何有效地整合这些优秀的高层管理者，让高管团队发挥个人特长的同时，又能形成一股合力是企业急需解决的难题。除了共建一致目标、提高协同性、促进有效交流外，企业高管团队还需从人员构成的角度思考，高管团队内人员职能背景的组成、工作经历的丰富程度（包括国际化背景、语言表达和技术能力）等都是提升知识结构多元化、拓宽问题解决思路的有效方法。除了人员组成外，企业还需关注团队规模问题。规模大的团队比规模小的团队拥有更多的知识源，但如果团队成员很多，就会出现"搭便车"（社会惰化）现象，同时会增加战略共识的难度，难以形成凝聚力、忠诚感和相互信任感。因此，在提高多样化团队成员比例的同时，还要控制好团队规模，以降低沟通成本，提高决策效率，发挥团队的集体优势。

6）营造公开交流的团队氛围，共同解决问题

开放或者封闭是冲突管理的一个重要选择。合作策略主要是开放性质的，因此开放式的合作策略应该成为高管团队处理冲突的主要策略。在决策过程中，如果仅仅是少数人发挥作用，那么企业高层管理团队的价值也就不复存在了。所以，一定要营造一种既能提高绩效又能促进成员积极参与、公开交流、团结协作的氛围。

在我国企业的高层管理团队中，一些企业负责人有搞"一言堂"的现象，管理团队的其他成员唯唯诺诺，不能或不敢发表自己的意见；另外，由于猜疑、不信任或害怕报复，高管团队成员在交谈时可能会隐瞒重要信息，不提出真实想法或发表正面意见，甚至转为私下的指责，从而无法实现有效沟通，引发了情感冲突等非建设性冲突。因此，我国企业高管团队中提倡坦率、公开讨论的团队规范。

公开的交流可以使高层管理团队成员真诚参与决策，形成团队成员的共识。尽管这种公开、坦诚的交流可能引发一些争论甚至冲突，但是如果团队成员能够认识到冲突是以决策目标为导向的，是为了提高绩效，他们

就能积极对待冲突，摒除情感矛盾，并养成开诚布公的交流习惯，有效帮助领导层集思广益、人尽其才、物尽其用。作为一个领导团队，既能够坚持原则，又不排斥不同意见，做到兼听则明、同心同德、通力协作，这将帮助企业成功打造一支卓有成效的集体领导班子，推动企业不断发展。

7）以发展带动团队建设，避免利益冲突

团队成员的利益冲突往往是成员间对资源、收入和权力的竞争导致的。虽然在短期内，冲突可以在一定程度上促进竞争者更加高效地努力工作，提高业绩；但从长期来看，冲突会影响成员之间的合作、默契，甚至会引发内讧，最终导致团队整体利益的损失。

在企业管理实践中，利益冲突经常是高管团队破裂的主要导火索。如何缓解并化解领导层之间的利益矛盾，一个行之有效的办法便是以发展带动团队建设，做大"蛋糕"，通过强化共同愿景、长远目标来减少团队成员间的利益冲突。当"蛋糕"太小时，很难通过合理分配获取各方满意，同时团队成员的视野也会局限在已有"蛋糕"上，进而限制了成员的发展思维。而"做大"蛋糕，在帮助企业丰富多元生态协同、进入更大价值空间的基础上，一方面扩大成员的利益分享，实现共生共赢；另一方面，将注意力凝聚到组织长远的共同目标，不仅拓展了高管团队的眼界和思维格局，同时增强了管理团队的使命感和凝聚力，向共同目标迈进。

组织冲突是客观存在的社会现象，不可避免、无处不在。在管理实践中，冲突问题特别是高管团队的冲突问题，一直是学术界和企业界关注的焦点。本章内容系统梳理了组织冲突的内涵，从认知冲突、情感冲突、利益冲突、行为冲突四个维度对冲突分层次进行了论述；从高管团队冲突产生的根源、冲突的有效测量及冲突给组织带来的影响进行详细剖析；从领导风格、决策效率、企业文化的视角对高管团队冲突现象进行深入解读，全方位、多角度理解组织冲突对企业发展产生的影响。组织出现冲突并不可怕，关键在于冲突管理。本章内容系统地提出了帮助组织积极应对冲突的七大举措：构建冲突管理预警机制；树立团队成员的共同理想；增强团队内聚力；以合作为团队主导模式；丰富高管团队知识结构；以发展带动团队建设。

第三篇 践 行 篇

集体领导力理论为实践者认识企业管理提供了全新的视角，在确立组织领导者核心地位的同时，将领导团队作为一个整体进行分析，可以帮助我们更好地把握企业整体的管理情况。我们不妨了解一下各类企业在集体领导制度建设和领导实践方面的案例。

企业层面创始人把握战略发展、职业经理人团队管理企业的情况并不少，事业部层面总经理冲锋陷阵、二把手凝聚人心的故事也很多（人力资源业务合作伙伴制度），翻阅国外企业管理案例，我们还惊喜地发现德国企业的管理委员会制度，领导团队同心协力引领组织发展的案例不胜枚举。

企业集体领导实践多种多样，如华为发展早期任正非负责企业战略与技术，授权孙亚芳负责销售与管理，二人各展所长带领华为成长；又如滴滴与快滴联合，程维、吕传伟、柳青携手完成企业兼并，虽成因不同、目的不同、形式也不同，但管理者活用集体领导理论，避免企业陷入绝对化的困境。

第 6 章
党委领导　协同聚力

孔奕淳　齐明正　高　昂

习近平同志在全国国有企业党的建设工作会议上指出："坚持党对国有企业的领导是重大政治原则，必须一以贯之；建立现代企业制度是国有企业改革的方向，也必须一以贯之。"[①]

在中国特色现代国有企业制度下，如何配置国有企业的董事长和总经理，是一个既"特"又"难"的问题，"特"就特在要把党的领导融入公司治理的各环节，要把企业党组织内嵌到公司治理结构之中，董事长、总经理的任职配置受到"法定代表人"和"党委书记"这两个具有中国特色的角色配置的共同影响；"难"就难在如何从这两个中国特色元素入手，设计好董事长和总经理的任职配置，做到既有利于企业长期健康发展，又符合法律法规相关要求，明确和落实党组织在公司治理结构中的核心领导地位，做到组织落实、干部到位、职责明确、监督严格。

党章规定，国有企业党委（党组）发挥领导作用，把方向、管大局、保落实，依照规定讨论和决定企业重大事项。对于极具中国特色的国有企业董事长、总经理的任职配置问题，没有模式可以照搬照套，唯有从中国特色和企业实际出发，进行务实且有效的探索。探析国有企业董事长、总经理和党委书记的职能，厘清相互权责关系，探索集体领导的有效路径，是创建中国特色现代国有企业制度的一个关键环节，对于保证国有企业的经济责任、政治责任和社会责任的全面履行发挥着重要的作用。

---

① 习近平. 2016-10-12. 坚持党对国有企业的领导不动摇. http://cpc.people.com.cn/n1/2016/1012/c64094-28770427.html[2020-01-15].

6.1　特色：设置企业党委，彰显领导核心

党组织是中国特色公司法人治理结构的重要而有机的组成部分，在国有企业中发挥着独特的优势，这一点毋庸置疑，也是我们必须长期坚持的一个重要原则。当代国有企业中的"书记-经理"或"书记-厂长"模式可以追溯到一个世纪前所产生的党代表制度，同时借鉴吸收了西方企业"董事长-总经理"的领导模式。

当代企业管理中，民营企业中"董事长-总经理"与"事业部经理-事业部政委"模式得到了许多企业的青睐，如华为的"左非右芳"、阿里巴巴的"政委体系"。国有企业基于"党管干部"原则和党组织参与企业重大问题决策、发挥政治核心作用的地位，普遍实行"党委书记-总经理"的领导配置，总经理直接负责企业的经营管理，党委书记"保证监督党和国家的方针、政策在本企业的贯彻执行"，与总经理共担企业发展重担。

对于在国有企业中，党委书记如何有效发挥核心引领作用，如何将"党管干部"原则与董事会选聘经理层、总经理依法行使用人权有效结合，目前有两种朴素的观点：一种观点是将"党管干部"做法绝对化，认为党委书记掌握着企业中的干部、人事大权，另一种观点认为企业中"党管干部"原则主要体现在"政治审查、政治把关"方面，主要是管评价标准和政治素质，党委书记没有必要具体管理企业中的干部人事调整和配置。现实远比理论丰富，在企业管理实践中，党委书记扮演着更加复杂的角色。随着法人治理结构的推进，企业党组织开展工作应该与地方党委和政府部门党组织有所区别，国有企业党组织是党的基层组织，在企业发挥政治引导与领导核心作用；地方和政府机关党组织是发挥领导核心作用，两者的职能虽有相似之处但却不完全相同。如何把握"党管干部"原则与公司治理结构的关系，界定好人的管理权限和职责，防止"党管干部"原则绝对化、简单化，还需要创新性地思考与探索。

6.2　搭档：同心同德任事，同甘共苦创业

20 世纪 90 年代，平果铝业公司进入全面投产关键时期，李成业书记、杨世杰经理先后就任。党委书记李成业，曾在昆明任中国有色金属工业第十四冶建设公司（以下简称中国有色十四冶）总经理。调入平果铝业公司之前，他刚刚率队在埃及打了一场漂亮的援外工程大战。从尼罗河转战右江，从正职退任副职，从省城来到山沟，人们说他是从米箩跳到糠箩，他

却坦然地说:"组织上要我到平果铝,是为了建设中国最有希望的铝工业基地,不是比谁的职位高低。"总经理杨世杰在调入平果铝业公司之前,先后就职于郑州铝厂、贵州铝厂,曾任贵阳市白云区区长,是高级工程师,获得过"广西壮族自治区优秀企业家""劳动模范"等光荣称号。

平果铝业公司开工第一年,由于地质结构复杂,施工难度大,加上设计、施工队伍到位晚等原因,进展缓慢。时间过了 2/3,投资任务仅完成1/3。危难思良将,总公司想到了刚从埃及阿尔玛扎工程指挥前线回来的李成业。杨世杰说,李成业到平果铝业公司后,提出"大干一百天、基础出地面"的口号,亲自到现场调度指挥,终于实现了以 1/3 时间完成 2/3 投资的预定目标。杨世杰说,李成业的子女一个在昆明、一个在北京,他的夫人也不在身边。但他全部身心都扑到平果铝业公司上,奉行"公道、正直、不信邪"这 7 个字,为大家树立了清正廉洁、遵纪守法的典范。打通氧化铝湿法流程时,杨世杰经理在现场坚守了 8 个日夜,员工回忆当时的情景依然激动地说:"石灰窑输送装置在杨经理身边垮塌,众人把杨经理救出来。原料磨带料运转时多次发生料浆外溢,碱液飞溅到眼里,杨经理红肿着眼睛继续指挥战斗。电机被烧坏,车间主任失声痛哭,杨经理大喊'后面的流程还等着我们打通,不要哭,要笑!'"最终平果铝业公司以最短时间打通氧化铝流程,李成业书记则在凝聚人心方面着力,处处为员工着想,积极推进福利待遇提升,更将这种关心扩大到生活方面,如员工子女上学、困难补助等问题均是亲自督办,出色地"发挥政治核心作用",有力支撑了平果铝业公司的建设大业,被誉为"员工的贴心书记"。

李成业支持杨世杰,杨世杰尊重李成业,两人同心同德、同甘共苦,两人配合默契,皆源于他们不为名、不为利,只为搞好企业的高尚精神境界。他们被誉为中铝集团的"黄金搭档"。

6.3　定位:领导各司其职,合理定位配合

许多国有企业在 2004 年之前就有董事会,但董事会所发挥的作用往往十分有限。2016 年 8 月 17 日,按照建立现代企业制度、完善公司法人治理结构的要求,为进一步加快国有企业建设规范董事会工作步伐,国务院国有资产监督管理委员会决定在中国航空发动机集团有限公司、中国航空集团公司等企业开展建设规范董事会试点工作。2017 年 4 月印发的《国务院办公厅关于进一步完善国有企业法人治理结构的指导意见》提出,到2017年年底前,国有企业公司制改革基本完成;到 2020 年,国有独资、全资公

司全面建立外部董事占多数的董事会。

在这样的背景下，研究国有企业董事长（党委书记）的角色表现，需要关注董事长任职、兼职等综合状况。如何发挥党委的核心引领作用，如何让董事长和总经理各负其责，各司其职，形成一个配合默契、职权明晰的协同领导制度，这一问题有待深入探索。

安林和陈庆总结了国有企业董事长任职的四种模式：第一种是董事长兼党委书记和法定代表人；第二种是董事长只兼法定代表人，党委书记由专人担任；第三种是董事长由外部董事担任，党委书记和法定代表人由总经理兼任；第四种是董事长由外部董事担任，法定代表人由总经理兼任，党委书记由专人担任。[①]

目前国有企业的主流模式是董事长兼党委书记和法定代表人，这一模式是由国有独资企业总经理兼党委书记和法定代表人模式演变而来的。在原模式下，总经理是"一把手负责制"，所以改制以后大多数企业是由总经理改任董事长。在这一背景下，由总经理向董事长的转变使得一些董事长仍在生产经营方面占据强势地位，越位过问或直接处理企业相关事宜，致使总经理沦为"第一副总经理"。这一做法与现任总经理的角色产生了工作冲突和矛盾，双方为捍卫各自在企业内部的地位，致使"两个中心"在企业开始显现，由此造成了严重的企业内耗。

《中华人民共和国公司法》对董事长的定位是召集人和主持人，即"召集和主持董事会会议，检查董事会决议的实施情况"。受董事会会议频率的限制，董事长的主要权责很容易落到"检查董事会决议的实施情况"上。董事长对经理层在公司战略执行和董事会决议执行方面进行过程监督，这容易引发"董事长干预总经理日常经营"之嫌。因此，对身兼法定代表人的董事长来说，与经理层清晰界定职权范围，减少对公司日常经营工作进行过多的干预，避免"越位"，至关重要。需要注意的是，因为董事长肩负法定代表人与国务院国有资产监督管理委员会指定企业责任人的双重责任，必须对公司的经营业绩负责，这就会使得一些董事长产生"作为则可能越位，不作为则可能失职"的双重困惑。

董事长只兼法定代表人，党委书记由专人担任的"三足鼎立"的模式并不普遍，这也不是当前国有企业的常态模式。在这种模式下，对董事长的领导艺术要求更高。

---

① 安林，陈庆. 2010. 董事会试点央企董事长、总经理和党委书记角色表现调查. 董事会，1: 91-93.

董事长由外部董事担任，党委书记和法定代表人由总经理兼任这种全新的模式，目前国务院国有资产监督管理委员会正在中国对外贸易运输（集团）总公司试行。这种模式采取的是外部董事长制度，具体来说，总经理、党委书记和法定代表人由一人担任，在这种模式下，董事长乃至董事会何以行使权力则成为关键问题。此时的"外部董事长"如何对国务院国有资产监督管理委员会保值增值负责，仍是有待探索的问题。

综上，国有企业董事长任职的四种模式各有特点，无论是否面临总经理"越位"或"缺位"的问题，都非常考验党委书记的领导艺术。这就要求党委书记站在全局的高度考虑问题，与董事会及总经理互相支持，互为补充，共同为企业绩效的提升贡献力量。

6.4 探索：协调配合聚力，探索有效机制

领导集体应协同作战，形成合力，引领企业长远发展。一个好的领导班子正是基于成员间的互补性，构成和谐的整体，互相支持，互为补充，互助互勉，在看到别人有局限的同时也要承认自己的局限，在寻求别人帮助的同时也要主动帮助别人。领导集体站在全局的高度去看问题，换位思考，这样一来，领导班子的思想政治素质才能不断提高，才能在工作中默契配合，实现"1+1>2"的效果，共同为提升企业绩效而努力。因此，领导班子必须要形成较好的整体合力，才能体现出最强的运作力，才能对企业运营起到积极的推动作用。

目前，我国国有企业大多实行党委领导下的经理负责制（董事长兼党委书记），具体来说，董事会决策、总经理执行，总经理实施、董事会监督。在具体执行的过程中，会遇到各种各样的问题，总经理与董事会也会产生一些矛盾，比较集中地体现在以下三大问题上。第一，部分国有企业总经理在参与董事会决策时，存在角色错位现象。尤其是在面对重大投融资、预算方案、决算方案决策时，总经理倾向于从执行者的角度进行评判，而不是以董事的立场来看待经理层所提交的议案。这种错位现象需要"董事"角色调整和适应的过程。第二，总经理受困于公司管理体制而力不从心。由于存在董事会职权归位等问题，总经理不能像真正意义的董事会下的总经理，拥有和履行公司法赋予的应有权力，如对副总经理、总会计师、中层管理人员聘任、解聘的提名建议权等。当国有企业集团领导人员在子公司兼职过多的情况下，集团总经理往往难以正常行使职权。第三，部分国有企业总经理由国务院国有资产监督

管理委员会选派，董事会不享有总经理的聘任解聘权，因此存在部分总经理消极执行或不执行董事会决议的现象。制度与办法颇具刚性，而管理人才的选拔与配置往往是较为灵活的。梳理并规范国有企业管理制度固然重要，但将企业经营成败全系于制度之上的想法就略显幼稚了。若企业领导者政治素质过硬且拥有企业经营才干，一人兼任党委书记、董事长、总经理职位，另外寻求总工程师或运营总监的支撑也未尝不可；若公司党委书记善于识人用人或独具战略眼光，则自己兼任董事长，并将企业日常运营交与总经理负责也是可行的。我们应该将国有企业制度与领导个人特点看作一个整体，领导者需要服从管理制度，管理制度也应考虑领导者的特点，从这个角度看，党委书记兼任董事长，与总经理协同领导企业，或党委书记协同董事长（兼任总经理）领导企业发展，也就难分优劣了。换言之，在确保企业党委核心领导地位的前提下，综合考虑制度规定与领导特点，兼顾行业特性与公司传统，也就形成了当前国有企业领导配置模式百花齐放的局面。

目前国有企业中董事长（党委书记）和总经理之间的矛盾与冲突时常发生，一些企业董事长和总经理未能做到相互支持、相互补台，其中有制度的因素，当然也有领导者个人的因素。在国有企业的管理过程中，引发董事长与总经理对控制权争夺的原因有许多，如国有企业董事长与总经理的委任机制存在弊端、权责界定不够清晰、个性搭配不和谐产生冲突等。在权责不明确的情况下，若董事长和总经理缺乏协调配合，则容易出现职责和角色错位现象，造成企业大量内耗。在尽力明确国有企业管理过程中董事长和总经理的职权划分基础上，从国务院国有资产监督管理委员会的高度厘清各项管理监督思路，合理选配领导班子，实现二者的协调配合，是提升国有企业领导有效性的硬性保证。

在合理统筹制度安排的基础上，统一领导者思想是增强领导组合执行力的保障。以华为为例，孙亚芳虽然被业界称为"女皇"，但她非常尊重并坚决执行任正非的战略思想。即便有合理的制度安排与明确的责任分工，一家企业如果两位高管在企业发展方向上各执己见，也将是很恐怖的，此种情况从表层看是战略的差异，实则可能是两位领导者价值理念的冲突。因此，作为领导班子成员，在工作中必须统一思想，要以企业大局为重衔接好各自分管的工作，以企业整体效益为出发点处理好局部工作。只有统一思想才能做到工作互补，才能增强领导班子的执行力。否则，由于思想上的不统一、工作上的不兼容，就可能导致心理上的不相容，从而影响班子团结、削弱领导组合的执行力。因此，国有企业领导配置只有做到职权明确、工作兼容、敢担责任，才能增强其运作能力，才能保证企业有序运营，才能推动企业健康发展。

第 7 章
创新制度　助力发展

林钰莹　高　昂

　　市场环境的复杂多变对组织的可持续发展提出了新的要求，民营企业在调配资源有效经营的同时，还要灵活求变适应未来的发展，从而引领企业在利用与探索间灵活转换。二人协同领导模式为实现此组织双元性提供了一个有效途径。例如，任正非与孙亚芳、张瑞敏与杨绵绵等大家耳熟能详的领导组合值得管理者学习借鉴，二人协同领导模式在中国民营企业中具有较高的适用性和较强的活力。本章将介绍集体领导模式在我国部分民营企业中的特色创新制度和具体实践案例，并对二人协同领导模式进行剖析和解读，从管理实践中提取理论，再回归到实践中，提供指导和借鉴。

7.1　创新：试行政委模式，助力民企发展

　　两位领导通力协作、务实创新的领导模式并非新鲜事物，我国民营企业如海尔、华为、联想普遍设立了董事长与总经理职务，董事长与总经理携手引领企业发展的案例较为常见，阿里巴巴则创建了一套"企业政委"体系，在经理之外为业务部门再配一名"政委"，将二人协同领导模式落实到事业部层面，这一举措在民营企业中得到了广泛认可，也成为民营企业领导协同的一大特色制度——"企业政委制"。

　　第 4 章我们提到，要系统提升组织的双元能力，领导者需要平衡"灵活-控制"，兼顾"内部-外部"。在管理实践中，一位领导的时间精力有限，两个人也许可以完成一个人难以胜任的任务，若有一位搭档，两人"一主外、一主内"相互配合，发挥个人特长则效果更佳。企业政委制就是这样一种刚柔并济、内外兼修的领导模式。

　　以阿里巴巴为代表的部分民营企业已成功建立了政委体系。从职责分工

上来看，业务经理多负责制定企业策略，注重经营业绩和短期目标，而政委则主管企业内部的人与事，注重文化和价值观的传承及长期目标的实现。企业政委制突出了"人"的重要性，它使得人力资源管理工作超越琐碎的服务辅导范畴，直接参与并服务于企业的战略决策。由于其特殊的性质，政委需要具备一定的经营管理知识和文化建设能力，不仅在经营决策上有制衡权，在识人用人、育人留人方面也应当具备洞察力和执行力。经理和政委在部门中地位平等，权力相当，分工合作，优势互补，相互监督，共同促进企业效率和灵活的双元性发展。

民营企业的政委制究竟有效性如何呢？我们应当如何扬长避短，发挥其最大作用呢？民营企业中是否还存在不同的领导组合模式？接下来的部分我们结合学术研究和实践案例，对民营企业政委制的利弊和运作进行分析探讨，为解决领导协同模式的未来发展提供一些启示。

7.2 合作：思想认知同步，分工合作共赢

"企业政委制"独具中国特色，在民营企业中逐步发展，活力十足。阿里巴巴和上海鹏欣集团是较为成功的代表案例。除此之外，民营企业中还存在着其他的二人协同领导模式，如第 3 章提到的华为的"左非右芳"和福建龙溪县总医院的"双院长"制。尽管这些企业的内在特征与外部环境各不相同，但统一认识、分工合作、相互信任，是两位领导发挥其有效性的保障。接下来我们将对阿里巴巴和鹏欣集团这两个案例进行逐一介绍和分析。

7.2.1 阿里巴巴的政委制

阿里巴巴的政委体系脱胎于人力资源管理制度，目前得到了企业界的广泛关注。2003—2006 年，阿里巴巴进入快速发展时期，企业不断壮大的同时也面临着管理上的难题，如何在公司跨区域发展、层级持续增多的情况下，保证企业文化和价值观的传承与发展，是马云当时一直思考的问题。2004—2005 年两部军事题材的连续剧《历史的天空》和《亮剑》热播，两部剧中骁勇善战的将军背后都有一位能文能武、党性纯、信念强的幕后英雄。这给了马云很大的启发，随后，政委制开始在阿里巴巴被引入和发展，成为人力资源管理体系的重要组成部分。

马云向军队学管理，成功地将"支部"建在了基层"连队"上，"经理-政委"的模式成为阿里巴巴人才管理体系的一大特色，这也是今天

阿里巴巴虽然拥有 5 万员工依然众志成城的重要保障。那么，政委制到底是什么呢？

1）"经理合伙人"并肩作战

简单来讲，"政委"类似于常规企业中的人力资源，创新之处在于阿里巴巴打破了人力资源管理按招聘、绩效、培训等职能模块界定职责开展工作的传统方式，引入业务伙伴式人力资源管理理念，将"政委"打造成事业部门经理的合伙人。阿里巴巴的"政委"也称人事专员，在各个业务单元中与业务经理一起做团队管理、员工发展、人才培养等工作。经理和"政委"的合作模式与军队中司令和政委的模式类似。"司令"带兵打仗，负责制定作战策略，注重业绩和短期目标，而"政委"主管人力资源，注重文化和价值观的传承及长期目标的实现。在这种模式下，经理和"政委"不仅是各有分工、互补合作的两位领导，也是权力监督与制衡的主体。阿里巴巴的"政委"在思想上指引和帮助业务经理，对重大业务决策有制衡权，在选人用人、组织文化方面有一票否决权。

"机会多，工作多，但人不够"是阿里巴巴在快速发展路上面临的问题。绩优员工被快速擢升至领导岗位，其对公司文化或许领会不深、对人才管理或欠缺经验，此时配备一名对公司有深入了解且善于人力资源管理的"政委"给予业务辅助，则能让员工劲往一处使，达到事半功倍的效果。政委制不仅能满足企业高速增长带来的业务发展需求，从战略发展需求上看也具有较高的匹配度。阿里巴巴有 102 年发展的长远战略蓝图，一味追求短期业绩的提升可能会以牺牲长期可持续发展为代价，文化传承和干部培养等看起来没有短期效益的工作，却对经历快速成长期后的企业具有关键意义。因此，阿里巴巴不仅需要"政委"善管理，还要求懂业务，不过其与事业部经理的关注点有所不同。迫于业绩压力，经理或许有短线操作的倾向，而"政委"则要思考部门的长期发展，在选人、用人等方面以公司文化战略为指导。"政委"虽然是"二把手"，但其在许多重要决策中的否决权能够较好平衡部门长期、短期发展问题。

2）"上得厅堂，下得厨房"

《我来自阿里政委，一个神秘的组织》一文的作者用"闻味道、摸温度、照镜子、揪头发"来描述这一岗位，即作为一名"政委"，需要敏锐识别组织文化和氛围，准确把握团队士气，及时帮助自己、同事和下属"照镜子"，多方位全局性思考问题。当"政委"在业务、组织与人、文化方面都发挥了诊断识别、渠道建立、推动变革、协调抚慰等作用后，团队或企业将得以传承和发展独特的文化氛围，更具有战斗力，并更有可能避免陷入决策盲区。曾任阿里巴巴首席人力资源官的邓康明将"政委"体系设立的目的归结为两点：业务发展与人才管理兼顾，短期绩效与长期发展平衡。阿里巴巴"政委"的定位是"上得厅堂，下得厨房"，既能利用人力资源专业能力进行组织诊断，发现真正问题并提出和实施解决方案，又要做有温度的人力资源，陪伴员工成长，与经理打好配合。因此，"政委"不仅应当具备人力资源管理专业能力和业务洞察能力，还需要注重细节、富有激情，做员工正能量的指明灯、贴心的"棉袄"和经理并肩作战的战友。

3）体系建设助力发展

在体系建设上，阿里巴巴的"政委"直接隶属于总部人力资源部，不向业务部门汇报工作。这一方面保证了"政委"在业务部门中的权威，另一方面也方便资源调配与信息传达。"政委"内部也是分级的，"小政委"分布在城市区域，与基层业务单元的业务经理搭档；再往上是"大政委"，与高级业务经理搭档。阿里巴巴的"政委"不仅要承担人力资源体系搭建、人力资源开发与增值的工作，还是公司文化的诠释者、倡导者和贯彻者，是公司与员工沟通的桥梁。阿里巴巴的"政委"能有效地开展工作，与企业人力资源专家中心、人力资源共享中心的支持是分不开的。人力资源专家中心可以为企业内部薪酬福利、组织发展、员工关系等提供专家意见，人力资源共享中心能够直接对员工薪酬发放、入职转调等工作提供支持服务。三个支柱共同发力，才能支撑起巨大的"阿里巴巴号"轮船在大风大浪中平稳快速前进。

阿里巴巴的政委制开创了将军队管理经验引入组织管理模式的先河，对于后来更多民营企业构建人力资源管理体系提供了成功的经验借鉴和信心动力。下文，我们具体介绍另外一家民营企业——鹏欣集团在二人协同领导模式实践过程中的探索和发展。

7.2.2 鹏欣集团的政委制

下文主要描述和分析鹏欣集团的政委体系，具体以南京鹏欣·水游城为例①。南京鹏欣·水游城于 2008 年成立，是一个集购物、休闲、娱乐、餐饮、居住、旅游等诸多功能于一体的大型家庭娱乐购物中心，隶属上海

---

① 高昂，杨百寅. 2018-01-30. 和璧随珠——以鹏欣南京·水游城政委制度建设为例. http://www.cmcc-dut.cn/Cases/Detail/3144[2020-01-16]

鹏欣（集团）有限公司，2016 年客流量达 2000 万人次，实现近 11 亿元销售额，南京鹏欣·水游城的政委制功不可没。

2010 年 4 月，鹏欣集团正式在集团和各级分（子）公司设置政治委员（最初称协理专员），简称政委，分（子）公司政委由上级单位委派，与总经理平行设置，级别上略低于总经理。分（子）公司的总经理是生产经营活动的第一责任人，政委的主要职责是协助分（子）公司总经理开展生产经营活动，其对公司内一切事务均享有知情权。时至今日已有近 10 年，"总经理-政委"二人合力，在贯彻落实集团公司战略、提高团队的凝聚力和战斗力、传承发扬企业文化精髓方面取得了突出成绩。那么，鹏欣集团的政委制源何产生，具体是如何实践的呢？

1）顺势发展，倾力打造特色地产

21 世纪初期，鹏欣集团迎来快速发展期，规模的不断扩大对公司管理提出了新的要求，公司尝试从市场引进人才，提升整体经营管理水平，徐洪林在这个时候加入鹏欣集团。拥有部队经历的他认为公司发展前景尚不明朗、管理激励机制尚未健全，此时更需要管理团队不计较、讲奉献，在困难面前坚定信念，拿出勇气与毅力。也是从这时起，公司开始注重引进有军旅经历兼具业务知识的管理人才，部队的执行力、凝聚力、战斗力逐渐融入公司管理之中。

公司发展初期，地方项目的主管领导往往由集团公司领导兼任，该种管理方法不仅解决了管理人才短缺的问题，而且加强了地方与集团的沟通。但是，其也存在一个问题：集团就具体业务问责时，突然发现找不到第一责任人！兼任本是"江湖救急"，没有道理把板子打在兼职领导的身上。

鹏欣集团领导层逐渐意识到完善组织体系的重要性。在问题决策方面，鹏欣集团习惯依赖集体智慧，努力在地方搭建班子。召开领导班子会议，就需要有召集人。2010 年，公司下发红头文件，将召集人定名为协理专员，随着地方项目的不断发展，2015 年将协理专员升级为政治委员，鹏欣集团的政委制度正式确立。

鹏欣集团的政委体系与阿里巴巴的政委体系颇为相似。如图 7.1 所示，分公司政委体系平行于传统职能体系，分公司政委向集团政委负责，同时接受所在分（子）公司总经理的领导，他们作为地方分（子）公司的领导班子成员，需要全力协助分（子）公司总经理开展日常工作。在分（子）公司里，政委没有固定的直属部门，但可依据工作需要，从各部门临时抽调人员开展工作。平日里，政委即走访公司生产、经营、管理现场，与员工广泛进行沟通，发现情绪问题及时梳理。政委有权出席公司内各类会议，对公司一切事务享有知情权与建议权，在分（子）公司重要决策上享有一票否决权，必要时可跨过总经理直接向上级汇报工作。

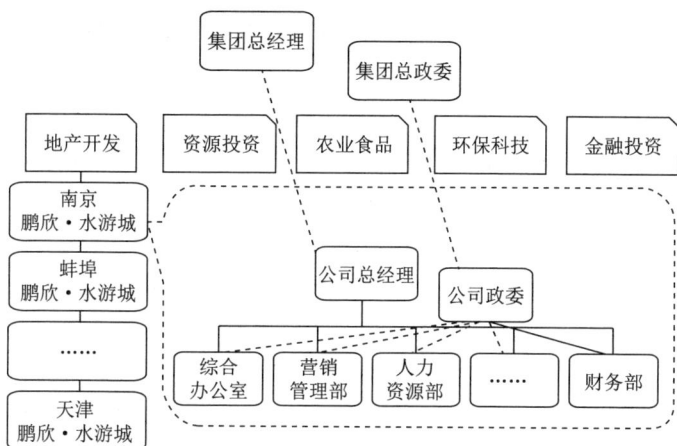

图 7.1 南京鹏欣·水游城与鹏欣集团的组织关系示意图

2）创新架构，打造管理信任体系

鹏欣集团"总经理-政委"的有效配合，不仅涉及"分公司总经理-分公司政委"之间的信任问题，还牵扯到"分公司政委-总公司领导""总公司领导-分公司经理"之间的信任，仅仅依赖情感上相互信任的三五位领导则很难将政委制度推广到全集团，鹏欣集团政委制的特色即体现在其创新的制度设计上。

首先，看鹏欣集团的政委选拔制度。政委由集团公司统一招聘，原则上只聘请五十岁以上有军旅经历的人员承担政委工作，曾在部队有"政工"经历或转业后有政府事业单位管理经历的人员，公司会优先考虑。这种聘任要求主要考虑到三点：其一，分公司总经理通常比较年轻，业务拓展方面敢打敢拼，年长的政委社会阅历丰富，可以在一旁提点，有助于规避风险；其二，军人组织纪律性强，不仅有执行力和战斗力，还有打硬仗的韧劲，这些素质也是公司健康快速发展所需要的；其三，部队时的"政工"经历或政府事业单位的管理经历，都对人的沟通能力有很高的要求，这些岗位历练过的政委有更强的沟通能力，曾经"管理者"的经历加之"年长者"的身份，都给予了政委无形的权威。

其次，看鹏欣集团的政委薪酬制度。部队一般士官服役满三十年即可申请退休安置，换言之，四十八岁即可离队退休，在政府或是在事业单位，五十几岁的管理人员上升空间有限，月收入也多在万元以内，可申请内部退休。这时公司为其提供发挥余热的平台，并给出高出原来3~5倍的工资，同时能发挥自身"政工"优势，这也是一个不错的选择和机会。值得一提的是，尽管分公司政委接受所在单位总经理的领导，但他的薪酬工资却由总公司直接发放，分公司总经理并无权力直接干预。

最后，看鹏欣集团对政委的培育制度。集团公司建立政委评价体系，结合岗位职责对政委在业务管理工作中发挥的作用进行联合评价。具体评价工作由集团分管领导主持，集团相关部门及政委所在单位负责人配合完成，评价周期为每年两次，分别于每年6月和12月中旬完成。集团定期会召开政委工作经验交流会，交流探讨并改进政委工作的方法和措施。另外，"总经理-政委"并不是锁定在一起的，项目顺利完成后组合随即解散。项目进行中，针对各分公司所在地的实际情况及分公司总经理的要求，集团公司也可能对政委岗位人员进行调整轮换，以实现"总经理-政委"的最佳匹配。

鹏欣集团依靠创新制度架构，合理解决了管理代理问题，成功打造了信任闭环。分公司政委专心搭班子带队伍，协助分公司总经理开展日常经营活动；分公司总经理聚焦产品服务品质提升，贯彻执行总公司战略目标；总公司领导层活用文化管理，通过直接管理分公司政委实现战略整合，其工作流程如图7.2所示。

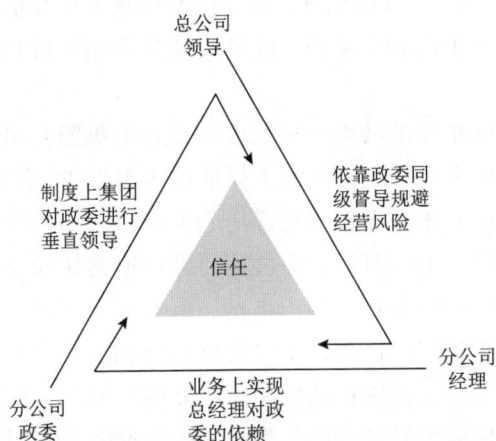

图 7.2　南京·水游城组织信任关系示意图

3）和璧随珠，同心携手其利断金

"总经理-政委"的有效配合也离不开二者之间的明确分工。在南京鹏欣·水游城，公司总经理的职责是抓好生产品质、服务品质、管理品质，公司政委则主要承担文化建设、团队建设、廉政建设三项职能，即在组织中做好传播文化、推动经营、维护团结、弘扬正气、联系群众、向上沟通六项工作。

第一，政委是企业文化的传播者。在内部文化建设上，政委制作了一幅挂有 156 位员工最美微笑的"微笑墙"，放在办公区门口，组织员工制作"快乐工作、幸福工作、享受工作""争做'有态度、有激情、有创造、有互联网思维'的'四有'员工"等标语，营造快乐积极的工作氛围。此外，政委还是企业文化的外部传播者，积极参与当地企事业单位及政府组织的各项活动，利用丰富的外部工作经验，将鹏欣品牌更好地输送出去。

第二，政委是经营活动的推动者。在做事方面，政委组织公司领导、员工积极参与"我为经营出点子"活动，推动有助于公司经营任务、增加客流量等工作的点子产生，同时组织网络投票，将可行建议及时落到实处。在用人方面，政委积极帮助公司物色人才，并为他们搭建平台。例如，开展周年店庆总导演竞聘活动，为员工提供锻炼提升的平台。

第三，政委是班子团结的维护者。"批评与自我批评"是我党的优良传统，鹏欣集团作为一家民营企业将其有效运用于企业领导班子建设中。民主生活会上，政委要求相关领导就近期工作出现的问题进行自我检讨，然后大家轮流发表意见，并提出建设性意见建议。总经理和政委提前做好调研，问题确实存在，因此讨论更有针对性，这也保证了民主生活不会流于形式。

第四，政委是弘扬正气的带头人。在南京鹏欣·水游城，每年都会举办特定主题的廉政活动。以 2015 年举办的"讲激情，讲创造"系列活动为例，政委组织领导和员工认真学习集团公司《关于以"八不准"为抓手，进一步加强廉洁自律反腐倡廉工作的通知》精神，督促大家开展自查活动，同时组织员工代表 20 人，对公司主要领导进行无记名评议。政委偶有时间也会到员工家走访，关心员工生活之余，也了解了员工家庭的具体情况。对于假公济私的员工，在做出合理规劝无效的情况下，政委即与总经理及人事负责人商议后做开除处理。

第五，政委是广大员工的知心人。从新年团拜会到公司周年庆典，从素质拓展训练到体育竞技比赛，从将军山植树到社区孤寡老人走访，从爱国主义教育到生活摄影比赛……每月公司活动不断，政委通过与员工的广泛交流，及时了解大家的思想状况和生活动态。有生病住院的员工，公司领导会第一时间安排探望并送上慰问金；员工家属来公司探亲时，政委会带家属参观水游城，并详细介绍公司发展；对于有思想波动的员工，政委会主动与员工交流沟通，引导员工朝更好的方向发展。

第六，政委是集团公司的联系人。政委同样承担着上传下达的职能任务，及时有效传达集团精神，并时时获取分（子）公司生产、经营、管理情况信息。分（子）公司的总经理专心做好本职工作即可，不必花费太多精力与上级公司汇报沟通。

有了看似身兼党委书记、纪委书记、工会主席、人力资源总监、办公室主任职位的政委，鹏欣集团各单位的总经理便可以将全部时间和精力投入公司的生产、经营、管理活动中去，"和璧随珠"真正做到二人合力，其利断金。

鹏欣集团从战略发展层面、制度建设层面、领导执行层面综合考虑，在企业内建立政委制，发挥"总经理-政委"的优势互补，实现人尽其才，达到"1+1>2"的管理效果。

7.3 制度：HRBP 助力，辅助战略执行

阿里巴巴和鹏欣集团的政委制度创新与时下流行的人力资源业务合作伙伴制度一脉相承。人力资源业务合作伙伴这一概念最早由美国密歇根大学罗斯商学院教授戴维·尤里奇提出，他认为人力资源管理部门应当将公司内部的业务部门及其员工当作其客户并根据他们的战略需求提供相应的人力资源服务，从而最终实现企业盈利的目标。在这一模式下，人力资源管理者的角色可以依照服务客户的不同分为人力资源专家、人力资源共享服务中心和人力资源业务合作伙伴三部分，进而形成人力资源管理"三支柱体系"。

人力资源业务合作伙伴，顾名思义，需要将自己嵌入公司内部不同业务部门，搭建起业务部门与人力资源部门沟通的桥梁，并为特定业务部门提供适合且到位的人力资源管理服务。通常来说，人力资源业务合作伙伴按照来源可以分为两类。一类出身于业务部门的"事业部型"人力资源业务合作伙伴，人力资源部门仅有权对其进行专业指导而没有直接的考核关系。另一类是来自人力资源部门的"人力资源代表型"人力资源业务合作伙伴，他们的编制和考核关系都隶属人力资源部门。

7.3.1 "三支柱体系"的运作模式

人力资源业务合作伙伴的主要职责是为业务部门提供他们需要的支持。人力资源业务合作伙伴需要深入业务部门，以敏锐地觉察业务部门不断变化的需求。在此基础上，人力资源业务合作伙伴将观察收集到的与人

力资源管理政策制度、人力资源管理项目和人力资源管理实践等相关的待解决的问题和待满足的需求分类打包，分别反馈至人力资源专家和人力资源共享服务中心，通过与人力资源专家和人力资源共享服务中心的合作为业务部门匹配相应的解决方案。

根据尤里奇的观点，在"三支柱体系"中，人力资源业务合作伙伴、人力资源专家与人力资源共享服务中心三者分工明确且彼此之间又形成信息闭环，保障不同维度人力资源服务有序、高效地进行。人力资源专家作为人力资源业务合作伙伴的后方支援，主要通过提供专业技术的支持来给出战略性建议并解决人力资源管理问题，相关支持包括规范人力资源管理制度、优化办事流程、确定标准等。人力资源共享服务中心则主要依赖于信息技术支持并通过集中处理诸如员工入离职手续办理，社保、合同、档案的管理，绩效考核与薪酬福利发放等事务性服务，将人力资源业务合作伙伴从人力资源的基础工作中解放出来，从而为人力资源业务合作伙伴更专注地深入业务部门提供服务赢取更多时间和更大空间。

7.3.2　人力资源业务合作伙伴在业务部门内的具体职责

人力资源业务合作伙伴在与业务部门融为一体并支持业务部门和谐发展时，其主要职责包括以下四个方面。第一，人力资源业务合作伙伴需要负责人力资源管理政策体系及各项规章制度在业务部门的落地执行及调整完善。尽管规则制度的制定往往来自于人力资源专家，但这并不意味着每一项制度都适用于每一个业务部门的发展。因此，人力资源业务合作伙伴需要先在业务部门内落实制度的执行，然后观察在执行过程中遇到的困难，确认人力资源管理制度与部门发展战略之间是否存在冲突，并在充分考虑业务部门发展需求的基础上将问题予以反馈，以此来帮助人力资源专家对各项政策制度找到调整的方向和尺度。

第二，人力资源业务合作伙伴需要凭借自身在人力资源各个职能领域专业的知识和技能，协助业务部门领导者根据业务部门的发展战略和现实需求进行人力资源管理，其中包括人才的发掘、员工的培养、成长和发展通道的建设等。在这个过程中，人力资源业务合作伙伴不仅要帮助普通员工，还需要发挥专业的人力资源技能来提升业务部门领导者和中层管理人员的领导力与人力资源管理技能，以便更好地帮助他们组建团队，并进行团队管理和员工管理。

第三，人力资源业务合作伙伴不仅要拥有人力资源的专业素养，还需要对业务部门的业务发展有敏锐的嗅觉，这就要求人力资源业务合作伙伴有一定的业务素养。如果缺乏对商业的敏感度，有可能在制定相应的人力资源发展战略时因为考虑不够全面而缺乏前瞻性。人力资源业务合作伙伴只有在深入了解业务的基础上，才有更大的可能性在面对一些突发事件，或是在变革中给予业务部门更强有力的支撑。

第四，人力资源业务合作伙伴要尽可能地融入业务部门，将自己当作业务部门的一分子，与业务部门其他员工积极沟通，在积极协调员工关系的过程中激发员工工作热情。与此同时，人力资源业务合作伙伴还有责任通过现实的互动来增进业务部门与人力资源管理部门之间的相互理解及信任，为双方共同的发展及企业最终目标的达成做出贡献。

上述四部分的职责与尤里奇提出的人力资源四角色，即人力资源执行经理、业务部门战略伙伴、紧急事件处理者及员工关系协调者四大角色也是一致的。总体上看，为了更好地完成体系内和部门内的工作职责，并辅助促进业务部门更加顺畅地依照既定战略发展成长，人力资源业务合作伙伴机械地进入业务部门是远远不够的。人力资源业务合作伙伴需要在业务部门内更灵活地与领导者和普通员工互动，如参加业务部门的会议、与部门领导者和员工保持信息畅通、多维度了解并参与部门运作的具体环节。在互动过程中，人力资源业务合作伙伴需要深入理解业务部门的发展战略与需求，不断提升具体业务专业素养和人力资源专业素养，进而站在战略的高度以结果为导向，为业务部门出谋划策，并制定与业务发展相匹配的人力资源发展战略。

7.3.3　人力资源业务合作伙伴制度的优势与劣势

与传统的人力资源员工相比，人力资源业务合作伙伴更加贴近业务部门，其优势具体体现在服务效率、服务质量及服务内容三个方面。在为业务部门提供服务时，人力资源业务合作伙伴可以快速捕捉业务部门的即时需求，通过高频高效的信息沟通分享，降低信息不对称的可能性，这使得在传统人力资源服务模式下从业务部门提出需求到人力资源部门满足需求这一过程中产生的时间成本被大大降低。

另外，由于人力资源业务合作伙伴集人力资源专业素养与对应业务专业素养于一身，他们不仅不会单一地从人力资源职能角度为业务部门提供适配性不足的服务，还会着重考虑业务部门的专业需求，从而用自己的知识技能并与人力资源专家和人力资源共享服务中心合作，有针对性地帮助业务部门解决面临的问题。此外，人力资源业务合作伙伴肩负的战略合作伙伴角色，要求其站在人力资源管理的角度上帮助业务部门实现其发展目标，他们在业务部门内一些管理决策制定的过程中有更多话语权，可以切实地参与到业务部门发展中，而不像传统的人力资源员工一样只是享有较多执行权。

尽管人力资源业务合作伙伴制度有如上优势，但在实际运行过程中企业仍然面临着一些问题。

第一，人力资源业务合作伙伴对员工个人能力要求较高。"事业部型"人力资源业务合作伙伴对人力资源专业技能掌握程度可能不够，"人力资源代表型"人力资源业务合作伙伴又可能缺乏对业务敏锐的洞察力。因此，在人力资源业务合作伙伴人选方面，企业需要发掘一定数量的优秀人才或是针对现有人才队伍进行培训以适应人力资源业务合作伙伴的需求，这对企业而言无疑是一笔不小的开支。同时，人力资源业务合作伙伴作为人力资源管理"三支柱体系"中的一个组成部分，需要联动人力资源专家与人力资源共享服务中心以最大限度地发挥它们的作用，尽管人力资源共享服务中心的成立在互联网时代已经算不上一个难题，但是打造一支人力资源专家团队，负责根据特定问题给出针对性解决方案并非易事。三个部分之间的纽带如有欠缺，那么整个体系的运作便会受到影响。

第二，企业发展过程中形成的业务部门与人力资源部门之间的隔阂也会影响人力资源业务合作伙伴制度落地。企业依靠强行变革构建人力资源业务合作伙伴、人力资源专家和人力资源共享服务中心体系，可能会同时给业务部门和人力资源部门的员工带来压力，进而使他们产生消极的抵触情绪，这一制度的顺利推行还需要依赖员工付出努力。同样地，在变革过程中，人力资源业务合作伙伴的汇报路径和考核管理该如何权衡也是一个需要考虑的重要问题，选择单一汇报路径还是两条汇报路径？该选择可能会影响人力资源业务合作伙伴融入业务部门的程度，进而对人力资源业务合作伙伴制度在初期推行时的效果产生影响。徒有形式而缺乏实质变革的人力资源业务合作伙伴制度对企业来说可能并不是一件好事。有些企业看似成功实现了"三支柱体系"的建设，但人力资源业务合作伙伴依然按照模块划分而没有深入业务部门，没有真正做到从人力资源管理角度帮助业务部门更高效地实现其战略目标。

总而言之，人力资源业务合作伙伴是伴随着人力资源部门升级出现的，它打破了传统人力资源各个模块之间的界限，也打通了人力资源部门与业务部门之间的沟通渠道，让信息传递路径变得更加简单快捷。它需要根据业务部门发展面临的问题和战略需求，站在人力资源管理角度将自身拥有的人力资源专业技能和业务部门的发展需求进行匹配，在人力资源专家和人力资源共享服务中心的通力协助下为业务部门提供独特的解决方案。它通过打造业务部门内的人力资源管理体系将人力资源管理渗透深入业务部门的每一个成员，从而真正发挥人力资源业务合作伙伴的重要作用。企业的发展离不开人力资源管理，也离不开业务发展，而人力资源管理和业务发展也始终无法脱离彼此而存在，因此二者应当相辅相成进而为企业实现最终发展目标提供合力。人力资源业务合作伙伴作为双重角色的扮演者，需要将为业务部门服务的意识贯穿工作的始终。

7.4 启示：统一思想互信，通力协作共荣

通过 7.2 节和 7.3 节的介绍，我们对于政委制在中国民营企业中的应用及人力资源业务合作伙伴制度有了一定的认识。那么下一步，这些成功的领导协同实践能为我们提供怎样的借鉴价值呢？实现有效的二人协同领导需要注意一些什么问题呢？

1）统一思想为前提：从企业战略延伸到价值理念

无论是政委制还是人力资源业务合作伙伴制度，主管工作的领导者都应当有统一的思想与目标。共同的奋斗目标才能把阿里巴巴和鹏欣集团的业务经理与政委拧成一股绳，劲往一处使，分工不同但目标一致。当代企业并购后较多采取设置"联执首席执行官"模式安置原企业领导，忽视价值匹配强制促成的婚姻问题不少。"滴滴–快滴"、"58 同城–赶集网"的案例大家都不陌生，2015 年 11 月，58 赶集的联席首席执行官制度以杨浩涌宣布出任分拆后的瓜子二手车首席执行官而结束。若两位领导能够统一思想，或在管理团队中确立绝对的领导核心，那么协同领导模式会更有效[①]。

2）彼此信任为基础：从业务信任发展到情感承诺

业务上的相互信任是两位领导有效协作的润滑剂，以阿里巴巴为例，政委对业务部经理的经营得有充分的信任，才会更加愿意从思想建设和人才培养上协助其开展工作；经理对政委在凝聚人心、选拔人才的能力上得有足够信心，才会对其更加倚重，支持其决定和工作。当然企业管理上的夫妻搭档

---

① 高昂，杨百寅. 2016. 双元领导：让"一山"容"二虎". 清华管理评论，（3）：54-57.

更容易从业务信任发展到情感承诺，我们看到潘石屹与张欣等大量"夫妻店"长盛不衰也就不用惊奇了，相比之下，张瑞敏与杨绵绵、杨世杰与李成业式的"友情组合"也显得更为可贵。

3）分工协作为保障：从职责互补上升为各展所长

两位领导者共同应对复杂环境的挑战，若想在时间、精力、智慧方面实现"1+1>2"的效果，则需要根据企业特性和发展需求合理分工，在人事分管、内外兼修、灵活与控制平衡、长期与短期兼顾等方面予以考量和分配，而分工协作的核心在于实现利用与探索的双元融合。职责互补或可有效避免"1+1=1"的问题，在此基础上，若能进一步实现工作职责与个人性格、业务专长的匹配则效果可能更好。马云与蔡崇信的故事曾被传成一段商界佳话，马云有战略发展格局和愿景激励能力，蔡崇信精通法律、财务和国际惯例。马云社交能力强，擅长说服和激励他人；蔡崇信谦和低调，勤恳务实。

从更高层次来看，企业的顶层设计决定了组织运行的效率和发展的持续性。马云称不上是业务方面的能手，但他在组织设计上确有高招，他活用新民主主义革命的三大法宝，通过企业政委制将"支部建在了连上"。从阿里巴巴管理五万员工却依旧能够拥有极强的战斗力和独特的企业文化上看，马云在关键阶段引入的政委制，在初创时期招揽的蔡崇信，都发挥了非常重要的作用。因此，两位领导者有效的分工协作，考验的是组织领导在顶层设计上的全局思考能力。有以各展所长为基础的分工协作，领导组合模式才能在不断变化的环境中焕发出最强大的生机。

从我国民营企业的协同领导模式实践我们可以总结出，在提升组织双元能力应对日益复杂的市场环境、解决纷繁的经营问题上，领导团队同心同德、团队协作、集体决策、共同领导部属实现探索与利用的融合达成任务显得更有优势。翻阅各类领导力理论与实践资料，你会发现很难找到最佳领导模式，今天适用的领导办法"不一定"适用于明天，民营企业的领导方式也"不一定"能解决国有企业面临的问题，管理更多的时候需要具体情况具体分析。当代企业管理者更重要的是明辨领导模式之优劣，打破传统思维定式的束缚，实现企业领导实践从"一定"到"不一定"的转变。

第 8 章
他山之石，可以攻玉

胡 华 杨百寅 高 昂

有学者认为，东方社会的价值观大都以集体主义为导向，而个人主义则是西方社会的主流价值观，西方国家和各类组织往往推崇所谓"英雄"或者"明星员工"的作用。用集体主义与个人主义这对概念对企业管理模式偏好进行简单的划分，难免会犯绝对化的错误，在真实的管理世界里，我们发现一些西方企业管理者已经意识到集体领导的重要性，并在一定程度上践行了集体领导。这在大型企业、高科技企业、以创新为导向的企业、风险较高的金融机构和面临复杂多变环境的组织中尤为明显。

本书第 2 章内容中提到的三维支柱模型显示，如果每个领导者都是"原点"的专断领导，则没有办法把企业的其他管理人员和员工有效地连接起来。只有在同心同德、团结协作、集体决策这三个方面有所作为，领导的联结作用才能有效发挥，组织才能形成有效的合力。事实上，西方企业管理者在实践中往往采用带有一定程度的集体主义色彩的领导方式如授权型领导、分享型领导，试图规避领导个人单一决策的弊端。因此，探析西方企业管理中集体领导的模式和有效实践有着较好的借鉴意义。

在一些西方集体领导力的实践中，德国所实行的公司治理管理委员会制度最引人关注，它与公司股东选出的监事会共同构成"双层结构体系"，两者互相影响、互相制约，带有很强集体领导色彩。

世界 500 强企业之一的德国拜耳公司，就在严格实行着德国公司所特有的治理管理委员会制度，相当于董事会的管理委员会制度。拜耳公司总部的管理委员会有 4 位成员组成，是公司的最高执行机构，致力于提升整个企业的效益，并实现企业价值的可持续增值。4 位管理委员会成员中，主席马尔金·戴克斯博士主要负责协调企业政策原则，其他 3 位成员分别负责财务部、创新与技术和环境事务部、战略和人力资源部等 3 个重要部门的工作，并且分别负责位于全球不同地区的公司。管理委员会成员每届任期 5 年，可连任。尽管成员分管不同的部门，但并不从属于主席之下，这 4 位成员共担决策任务。

拜耳公司的大中华区分部，决策权是由 1 位总负责人和 4 个分公司负责人共同承担。任何一次重大决策，只有当这 5 位高层管理团队成员都不持反对意见时才能够顺利通过，只要有 1 位成员认为不合理就需要进行重新评估。尽管这种决策方式在效率上对公司造成了一定损失，但却能够在很大程度上规避风险。同时，5 位成员每一位都分管一个领域的工作，他们的关系既有分工又有协作，且需要为整个集团的利益牺牲个人及个人领导的子公司的利益[①]。

本章将重点剖析德国的公司治理管理委员会制度，从它的历史溯源和具体实践入手，以西门子公司和德意志银行为案例样本进行分析，最后探讨德国这种共同治理制度对中国企业管理的启示。

8.1　制度：双层结构制衡，集体决策共治

多数德国公司一直以来都在其法律框架下实行着一种类似于集体领导的领导模式。依据德国法律规定，德国公司的管理结构遵循"双层结构体系"，即由股东选出的监事会（还可译为"监督委员会"）和管理委员会共同管理公司。管理委员会处于监事会之下，需要接受监事会的监督，其成员由监督委员会任命。

管理委员会是公司的实际管理者，拥有高度集中的权力，视为一个整体，并不隶属于某位个体领导者。它主要负责企业的日常运营工作，如制定公司的经营和决策战略等，通常由 7～8 位高层管理者组成，任期 5 年。管理委员会可以选举自己的"主席"，但主席并没有法律赋予的最高权威，通常只是"发言人"。这一点与英美等其他西方国家公司的首席执行官有明显区别。

管理委员会在决策过程中一旦出现分歧，通常采用一人一票的方法进行简单多数投票。如果出现双方票数相当，则由主席决定，直到达成一致意见才能提交监事会进行决议。每位成员都有自己独立的职责，但也要关心所有部门的事情，监督其他成员的工作，并且要为其他部门的错误承担一定的责任。

---

① 杨百寅，杨斌，王念. 2013. 集体领导力. 清华管理评论，（1）：42-53.

8.1.1 德国共同治理模式的形成

20 世纪 60 年代，利益相关者理论在西方国家逐渐兴起，为现代企业的公司治理模式转变提供了一种新的思路。利益相关者指的是任何与公司生存发展密切相关的客体，包括雇员、消费者、股东、供应商、债权人等交易对象，也包括媒体、周边居民、所在社区、政府相关部门等潜在利益影响对象。这些客体中，有的能为企业的经营活动提供便利，有的能帮助规避企业经营的潜在风险，有的能对企业活动进行监督与制约，企业经营决策的制定必须将相关者的利益考虑在内，并且接受他们的监督。

传统观念认为"股东是企业的所有者"，因此企业的运营决策和回报收益均只与企业股东有关。而利益相关者理论指出，雇员、消费者、供应商、债权人等交易对象与股东一样，均对企业投入了专用性资产，且都承担了一定的风险，相较而言不同的只是股东投入的是物质资本，而职工和管理者投入的是人力资本，消费者和供应商等投入的是信任资本。随着现代资本市场的不断发展，企业股东逐渐趋于分散化，且对同一企业的投资周期普遍缩短，更偏向于在资本市场上"用脚投票"来转移资产风险。换句话说，即股东对企业承担的责任日益减少；与此相对比，其他利益相关者如职工和管理者与企业的利害关系则更为密切，企业经营状况的好坏与他们的收入高低直接挂钩，他们比股东更关心公司的发展。综上所述，该理论认为，各利益相关者均为企业的所有者，所以应当共同参与公司治理[①]。

在德国，企业全体职工选举产生的职工代表参加企业职工委员会，参与企业管理及公司治理，与公司所有者分享决策权力。雇主与职工的"共同治理"体现在企业运营的多个方面，他们不但分享企业盈利所带来的收益，也为社会安定、经济繁荣及可持续发展共同承担责任。根据德国第二次世界大战后颁布的多项法律规定，如企业必须建立董事会、监事会、企业职工委员会。因此，共同治理模式在德国广为流行。

从共同治理模式推进的时间顺序及法律依据来看，德国最早采用该治理模式的是煤炭、钢铁行业。1951 年颁布的《煤钢行业共同决策法》为德国共同治理模式在第二次世界大战后的发展奠定了法律基础。该法适用于所有雇员在 1000 人以上的采矿和钢铁企业。根据该法的规定，一个企业的监事会成员数量应为奇数，最少由 11 名成员组成，其中股东和职工各任命4 名内部成员。另外，股东和职工再分别任命 1 名外部成员，这名外部成

---

① 李传军. 2005. 利益相关者的共同治理：德国公司治理的经验. 企业管理，（6）：36-38.

员既不能是雇主组织和工会的代表，也不能受雇于该企业或与该企业有经济上的任何联系。监事会的第 11 名成员（所谓"非党派"人士）由前述 10 名成员共同选举产生，该成员在双方表决票数相等时有关键的一票。

1952 年 10 月德国颁布了《企业组织法》，该法案在《煤钢行业共同决策法》基础上扩大了适用对象，是一般企业都需要遵守的劳资共同决策法案。根据该法的规定，凡是雇员在 5 人以上的私人企业，都要设立企业职工委员会，由工人参与管理决策。该法从企业中的个人、工厂和决策等三个不同层面规定了职工的权利。在个人层面上，每位职工在诸如工作条件、雇佣、解雇和下岗等问题上享有知晓、申诉和讨论的权利；在工厂层面上，该法确立了企业委员会制度，功能是扮演职工的社会代言人的角色。在企业的决策层面上，该法规定，在职工人数超过 500 人的企业中，监事会成员的 1/3 必须是工人代表。监事会中的职工代表参与企业政策的制定和董事会的选举。1955 年 8 月，针对原来不适用《企业组织法》的公共事业部门和行政机关，德国制定了《职工代表法》，1972 年又对《企业组织法》进行了修订，扩大了企业职工委员会的适用范围和权力，使其在福利事务、人事计划、企业生产等方面代表职工的利益与股东或雇主签订协议。1976 年 5 月颁布的《共同决策法》进一步完善了原有法案的具体细节。该法规定，所有雇员超过 2000人的大企业，监事会由 12 名成员组成，其中 6 名是股东的代表，6 名是职工的代表，各享有一半代表权，监事会主席由股东推选的人员担任[①]。

现代德国企业的内部监管模式可以大致表示为：股东——监事会（又称监察委员会）——管理委员会——经理。监事会成员由股东大会直接选举产生，形成对管理委员会的垂直领导关系。与我国企业中所设立的监事会机构不同，德国企业的监事会更类似于中国企业的董事会，德国企业监事会不仅具有监督职责，同时更重要的是，它还是一个决策机构。监事会既负责公司重大经营决策和长期战略的制定，还负责聘任管理委员会成员及监督管理委员会的活动。管理委员会是执行监事会决议、负责公司日常运营的执行机构，需要定期向监事会报告工作。根据相关法律规定，监事会和管理委员会成员不可以兼任。监事会和管理委员会成员并非全由股东组成，企业职工和工会代表有权在监事会与管理委员会中占有一定席位并参与决策，监督已制定的维护职工利益的相关法规协议的执行情况，在职工薪酬福利方面与资方有平等的表决权，且享有对企业生产经营状况的知情权和质询权[②]。

---

① 曼弗雷德，魏斯，马琳，等. 2012. 德国劳动法与劳资关系. 倪斐译. 北京：商务印书馆：262-264.
② 汤文娟. 2006. 德国共同参与决定制及其对德国公司治理结构的影响. 对外经济贸易大学硕士学位论文.

8.1.2 德国共同决策制的规则

根据 1976 年颁布的《共同决策法》的规定，雇员以在监事会中获得席位的形式合法地分配到所有的公司决策的控制权。他们与股票持有者一样，拥有相同的权利。共同决策制的主要理念就是资本和劳动的供给者合作经营公司。根据公司的规模，工人和工会拥有公司监事会中一半或 1/3 的投票权。在超过 2000 名雇员的股份公司和有限责任公司中，资本所有者占有一半的席位，另一半属于雇员。在员工少于 10 000 人的公司里，双方各有 6 个席位：雇员方的其中一个席位作为管理者雇员，还有两个是留给工会代表的，而且他们不一定是公司的雇员。这项规定给予工会在公司治理中一个立足点，使它独立于公司职工内部组织。同时，席位随着公司规模的扩大而增加。在员工超过 20 000 人的公司中，双方各有 10 个席位，其中工会有 3 个席位。监事会成员中的股东代表是在股东会议上选出的，雇员代表是在雇员代表大会上以直接投票的方式选出的。雇员代表必须是公司的雇员，但工会代表可以不是。工会有权提名其代表，如果 3/4 的雇员支持的提议在代表大会中获得 3/4 的多数，雇员代表可以被罢免。监事会选举主席和副主席时遵循 2/3 多数原则。如果不能达到这个比例，股东代表选举主席，雇员代表选举副主席。在监事会决策中，如果出现投票数相等时，则主席有两票。在员工多于 500 人但少于 2000 人的公司里，根据公司法的相关规定，工人人数应占监事会成员总数的 1/3。

专门适用于煤炭和钢铁行业的《煤钢行业共同决策法》，在参与权方面有着更严格的要求。监事会除相等的股东和员工代表人数外，还有一个"中立"成员，共 11 人（大公司可能会增加到 15 人或 21 人）。当监事会为 11 人时，股东和雇员方各有 5 名代表。雇员方的 5 人中，必须有 2 人是工人委员会推荐的该公司的雇员，另外 2 人必须是国家工会组织在该公司的代表推举的。第 5 名成员也是由工会推举的，但必须既不是雇员也不是工会代表或雇员协会代表，且不能与公司有任何经济利益联系（所谓的劳工方的中性人）。但是，即使是由工人委员会选举的雇员代表，工人委员会也有权以其不为公司和经济的最大利益进行合作为由（实际上是很模糊的概念）取消其提名。所有的劳工监事代表都是先由工人委员会选出，然后推荐到股东大会上进行选举。但这种选举只是形式上的，因为大会不能拒绝被提名者。

同样地，监事会只能在资本方面自由选择 5 名成员，其中一个必须是中立成员。在这些行业的监事会中，主席没有两票权，但是除双方各一位中立者之外，还有第三个中立者存在，它是经双方同意在股东大会中选举出来的。在势均力敌的情况下，这名成员就是决定者。管理委员会的成员是由监事会任命或解雇的。其中，一名成员必须是一名人事或劳工事务管理委员，他不得违背监事会中的工人代表的多数意愿来任命或解雇，因工人代表在监事会中是有否决权的少数。在某种意义上，劳工监事正说明了管理层面上的共同决策制。因此，工人委员会选择的最终是为雇员计划、解雇、工资协调负责的人。

有限责任公司在法律上本来不要求必须有监事会，但引入共同决策机制则必须成立一个这样的委员会。公司在建立监事会时应用相同的门槛和比例，即员工超过 2000 人的公司，监事会雇员席位占一半；在员工 500～2000 人的公司，雇员席位占 1/3。在德国，一般将公司分为两类：股份公司和有限责任公司。两者分别由不同的法律所管理，即股份公司法和有限责任公司法。这种区分与规模无关，而是由公司股票是否具有在交易所上市的能力决定的。只有股份公司的股票可以在交易所发行。2003 年，大约有 700 000 家有限责任公司，但股份公司只有 15 271 家。对后者来说，大约只有 1000 家国内公司在股票交易所上市，也就意味着大多数股份公司还是私人拥有的。如果没有共同决策制，有限责任公司在订立合伙人合同时将可以自由决定是否成立监事会。如果他们选择成立监事会，那么就和股份公司应用相同的原则。如果他们选择不成立监事会，所有者大会将成为控制机构，同时作为所有者的一位或两位管理者将必须向其作报告[①]。

8.1.3 双层结构体系——监事会与管理委员会

2000 年 5 月，德国时任总理施罗德宣布成立公司治理委员会，主要研究德国企业在监督和管理体系中存在的不足。2001 年 9 月，德国联邦司法部组建成立"公司治理守则"政府委员会，并且于 2002 年 2 月 26 日颁布了《德国公司治理守则》，目的在于明确德国上市公司监事会、股东会、管理层三方各自的权利义务、相互间关系及提升企业透明度的相关行为规范。

2008 年全球性金融危机爆发，许多国际研究机构认为造成这次国际性金融危机的一个重要原因在于金融机构公司治理机制上的不完善。为此，德国"公司治理守则"政府委员会于 2009 年 6 月对《德国公司治理守则》进行了全方位的修订，以期进一步改善德国公司治理现状，不断使条约规范契合德国公司治理的实际情况，并于 2010 年 5 月 26 日对该《德国公司

---

① 霍斯特·西伯特，成福蕊. 2006. 德国公司治理中的共同决策. 国外理论动态，（6）：33-35，51.

治理守则》进行了最新一次修订。

新修订的《德国公司治理守则》对德国上市公司的管理和监督做出了必要的强制性规定，其中包括国际和国内公认的有效与负责的治理标准。德国上市公司的法定治理结构为双层结构体系：监事会和管理委员会。其中，监事会负责监督和任命管理委员会，为管理委员会提供建议，同时直接参与企业重要决策，相当于我国董事会和监事会两者的结合，守则的主要内容包括以下几个方面。

1）对管理委员会的相关要求

管理委员会对企业经营承担独立责任，目标是持续创造企业价值、实现企业利益最大化、考虑股东和员工及其他相关方的多重利益；管理委员会负责制定企业战略，与监事会协商，并确保其实施，同时负责企业风险的管理和控制及员工行为的合法合规。

管理委员会由若干人组成。由一名管理委员会主席或发言人依法管理该委员会的工作，如分配成员职责、处理需要管理委员会介入的事项、形成管理委员会决议等。管理委员会成员的薪酬水平由监事会全体成员根据其绩效评估和该委员从集团其他企业得到的收入来决定；管理委员会成员的薪酬总额包括货币薪酬、退休金、任期结束后的额外福利等，薪酬结构必须有助于实现企业可持续增长。货币薪酬包括固定部分和浮动部分，监事会要保证浮动部分是基于多年的评估，并决定薪酬等绩效目标和参数不允许逆向调整。

2）对监事会的相关要求

监事应具备与其监事工作相适应的知识、能力和专业经验；监事会应有一定数量的独立人士，前管理委员会成员不能超过两个；除非有 1/4 以上投票权的股东提名，管理委员会成员离职两年内不得成为企业监事；监事必须保证有足够的时间履职，上市公司管理委员会成员不能担任 3 个以上非集团上市公司的监事。监事会成员由股东大会选举产生。企业有 500～2000 名员工时，监事会中应有 1/3 的员工代表；企业有 2000 名以上员工时，监事会中应有 1/2 的员工代表。监事会中的股东代表和员工代表在决定企业利益时享有同等的权利，监事会主席（实践中一般是股东代表）在投票结果相等时有投决定票的权力。

监事会负责监督管理委员会的管理行为，并向其提出建议；对企业重大事项进行决策；任免管理委员会成员。监事会主席负责协调监事会工作、筹备与主持监事会会议、处理涉及监事会的外部事宜、定期与管理委员会保持联系、商定公司战略和业务发展；对企业风险管理提出建议，主持处理管理委员会成员雇佣合同的委员会会议；监事会主席不得担任审计委员会主席。

监事会可根据企业特点及监事会成员人数，设立数个专业委员会，但至少应设立审计委员会和提名委员会，其中审计委员会专门致力于会计、风险管理与合规事务、确保审计师的独立性、明确审计师职责、决定审计重点及付费等问题；审计委员会主席需要有会计和内控专业经验，且应该是独立的，要求近两年未担任公司管理委员会成员；提名委员会由股东代表组成，为股东大会提名合适的监事候选人；监事会还可以设立一个或数个委员会负责处理公司策略、监事薪酬、投资及财务等其他事项。

监事的薪酬由股东大会或公司章程决定，综合考虑监事职责范围、经济形势和企业绩效，包括固定部分和浮动绩效部分，其中浮动绩效要考虑企业长期业绩因素。

3）监事会与管理委员会的协调

管理委员会与监事会就企业战略达成共识，并定期就执行情况进行讨论；重大交易、章程或重要规章制度需经监事会同意；企业重大资产变动及可能改变企业财务的措施和决定，应由监事会批准。

管理委员会定期就关系企业发展的重要事项如规划、商业发展、风险状况、风险管理等向监事会报告，管理委员会要指出现阶段商业发展与预设计划、目标等的偏离情况及原因。监事会应根据资料，进一步明确管理委员会的报告职责。

监事会的股东代表和员工代表应分别准备监事会会议，也可以和管理委员会成员共同准备；必要时，监事会应不与管理委员会一同而自行召开监事会会议[①]。

8.2　共治：监督管理共治，相关利益兼顾

8.2.1　德国西门子股份有限公司基本情况与治理结构

德国西门子股份有限公司（以下简称西门子公司）是目前世界上最大的机电制造类公司之一，由维尔纳·冯·西门子于 1847 年建立，总部位于德国慕尼黑。

为了更好地获取国际资本市场和全球投资者的信任，西门子公司持续

---

① Siebert H. 2005. The German Economy. Princeton: Princeton University Press: 328-338.

注重公司治理的改革和完善。根据德国《公司法》，德国企业的主要形式有两种，分别为股份公司和有限责任公司。与其他国有企业和大型民营企业相同，西门子采用股份公司的形式。除了设有股东大会外，西门子公司还设有监事会和管理委员会双层治理结构。

1）股东大会

西门子公司已在法兰克福、瑞士、伦敦、巴黎和纽约的证券市场相继上市。西门子公司的股东大会由监事会主席主持，实行一股一票制，目前最大股东仍为西门子家族，占总股本的5%以上。股东大会是保证股东决策权的常设机构，近年来，随着信息技术的飞速发展，西门子公司的管理委员会也采取电子通信技术服务于股东大会，使得更多的股东能够参与到公司的决策投票。股东大会的主要职责有三项：一是审核批准监事会提交的重大决策方案；二是批准公司税后利润的分配；三是依据德国《公司法》选定公司独立审计人。同时，持有资本超过100万欧元的股东，有权对一些重大决策实施进行监督。

2）监事会

西门子公司设有监事会，并在监事会内部分设6个委员会，包括主席委员会、审计委员会、调解委员会、合规委员会、提名委员会、金融和投资委员会（图8-1）。

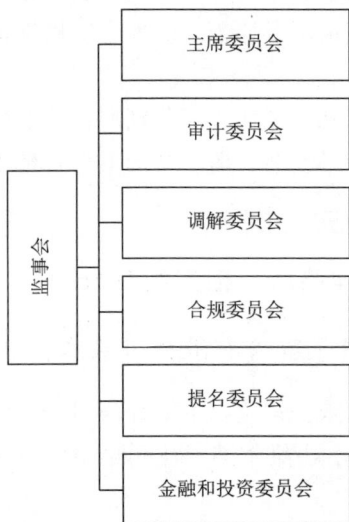

图 8.1　西门子监事会结构

一般来说，大型股份公司的监事会成员应为20人，其中10人为股东监事，代表股东行使职权，另外 10 人为员工监事，代表公司员工的利益。股东监事由股东大会选举产生，员工监事由员工代表大会选举产生。最新一届西门子监事会由 20 人组成，设主席、第一副主席、第二副主席各一人。

西门子公司监事会的主要职责为：一是任命管理委员会成员，并确定他们各自的职责；二是对管理委员会提出的战略、计划及其实施情况提出建议，并进行监督；三是批准管理委员会提出的重大购并、撤资和金融措施；四是根据独立审计人的审计意见，检查公司季度、年度财务报告；五是批准分红方案。在监事会上，由于股东监事和员工监事人数相同，当某项议案经过两轮投票仍不能达成一致时，监事会主席有最终决定权。监事会一般一年召开 6 次会议，并可以根据情况需要增加一至两次额外会议。

可见，在主要职责上，西门子公司的监事会与美国公司的董事会基本上是一致的，正是在这个意义上，越来越多的人将德国公司的监事会看作美国式公司治理中的董事会。但在人员规模和构成上，德国公司的监事会人数多，其中一半由员工担任，而美国式公司治理中的董事会成员主要由独立董事担任。据 20 世纪 90 年代对德国排名前 100 家大公司监事会组成人员的调查，监事会成员中 50% 是员工或工会的代表，40% 是非金融机构股东的代表，主要是企业家、律师等，10% 是金融机构股东的代表，主要是金融家等。

3）管理委员会

西门子公司设有管理委员会，从职权上看，类似于英美模式中的管理层。根据德国《公司法》的规定，管理委员会中设置 1 名总裁，但总裁并没有特殊的权力，从实际职能上来看，更像是委员会中的"会议召集人""对外发言人"。

西门子公司管理委员会的主要职责为：一是选择和任命公司内部重要岗位的管理人员；二是提出公司战略发展方向、经营计划和年度财务预算的安排，配置资源，监督下属子公司的执行委员会；三是提交公司的季度财务报告、年度母公司财务报告和合并财务报告；四是定期、及时、全面地向监事会报告公司战略及其执行计划、经营状况、财务状况、运营风险等。

8.2.2　西门子公司管理委员会的形成

德国公司的双层委员会制度出现于 19 世纪 70 年代，因此，与其他历史悠久的德国大型企业相同，西门子公司采用典型的双层委员会制度已有相当长的时间。在公司成立早期，西门子家族在监事会和管理委员会中居于举足轻重的地位。但是，20 世纪 70 年代以来，西门子家族逐步退出公司核心管理层，也意味着西门子公司的管理委员会制度逐渐得以正式实施。

经过公司多年的业务拓展和全球化，管理委员会的结构和规模逐渐趋于固定。2006 年西门子公司结构如图 8.2 所示。

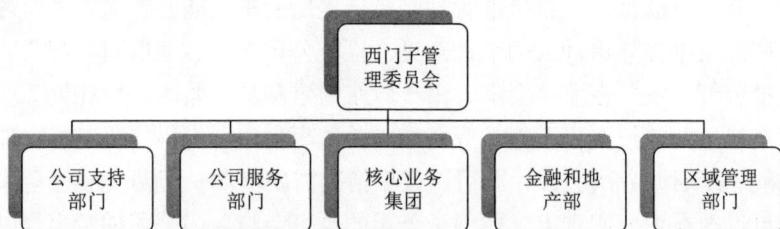

图 8.2　2006 年西门子公司结构图

在 2006 年及之前，西门子公司管理委员会共有 11 人组成，其中 8 人为常务委员，一般不进行实际的业务操作。剩下的 3 人分别主管公司财务、公司人事和公司战略。2008 年，鉴于公司管理中出现的问题，西门子公司管理委员会内部结构进行了调整：管理委员会人数缩减为 9 人。图 8.3 为西门子公司 2016 年的公司结构。

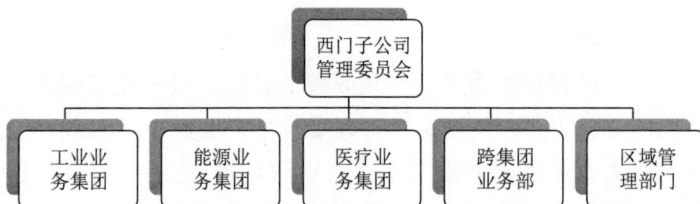

图 8.3　2016 年西门子公司结构图

8.2.3　西门子公司管理委员会的功能与作用

德国上市公司的治理结构主要由管理委员会、监事会和股东大会构成。德国公司法中一个特殊之处是管理委员会与监事会分离，这种双层委员会结构的起源可以追溯到 19 世纪 70 年代。管理委员会由内部高级管理层构成，负责公司日常经营管理；监事会由外部人士构成，主要职能是任命、监督管理委员会。两个委员会的委员不能交叉任职。德国公司法规定，管理委员会"有权管理公司"，这有两个方面的含义：第一，管理委员会负责公司的日常经营管理；第二，可以而且应当考虑其他"利益相关者"的利益，如雇员、企业贷款者及一般公众的利益。

管理委员会在德国公司运营中居于核心的地位。西门子公司作为德国上市公司中的骨干企业，需要遵循德国公司治理法规的要求。该法规赋予管理委员会独立管理公司的权力。

西门子公司管理委员会的功能如下：第一，作为公司的法律代表有权独立负责公司管理工作，兼顾股东、员工和其他利益相关者的利益；第二，负责制定公司的发展战略、重大决策并和监事会协调保证其实施；第三，管理委员会保证公司的运营活动遵守法律规范和公司的内部章程，即合规要求；第四，管理委员会保证公司具有合适的风险管理和风险控制；第五，在管理人员任命上，管理委员会需要遵循人员多样化原则，尤其应该考虑女性员工在管理层中应有的地位。

由此可见，管理委员会是德国公司管理的核心。但它与美英模式中的董事会制不同，管理委员会不是首席执行官的助手或附属品。管理委员会主席或总裁更多地承担召集任务者，而非最终决策者。管理委员会成员的工作必须对公司负责而非向管理委员会主席负责。通常情况下，德国的管理委员会拥有最终决策权。这一点又与日本公司治理结构中的经理层有显著的不同。管理委员会决策需经成员投票决定，管理委员会成员各自有相应的职责，通常情况下各司其职。德国法律也规定管理委员会成员有相互监督的义务，因为公司某一部门的问题和失误而导致的损失，则整个管理委员会均应承担责任。管理委员会成员的任命由监事会决定，任职期限为 5 年。股东和管理委员会均无权任命或罢免管理委员会成员。管理委员会成员的任命需经监事会 2/3 多数通过或多轮简单多数通过，因为监事会中 50% 为员工和工人委员会监事，所以工人委员会对管理委员会有较大的牵制和影响力。

管理委员会从功能上看处于公司管理和运行的中心，所以其在公司发展中所起的作用是举足轻重的。西门子公司成立以来公司的每一个重大的发展阶段和改革进程无不体现着西门子公司管理委员会团队和领导人的卓越智慧与远见。例如，1967 年博施-西门子家电股份公司的建立，使其成为家电业领军者之一；在 1969 年，该公司与通用电业公司合并，并在 11 年后彻底兼并对方；1950—1970 年，企业收入由 10 亿马克增长至 110 亿马克。20 世纪 80 年代末，在全球经济发展的背景下，西门子公司结构改组为 15 个相对独立的市场运行集团。20 世纪 90 年代，西门子公司开始加强多元化经营，1990 年西门子公司 Nixdorf 计算机公司成立，其成为当时欧洲最大的计算机制造商之一，1999 年和日本富士通公司合并成为著名的

Fujitsu-Siemens 计算机公司。1998 年，西门子公司成功接管美国西屋电气公司的发电业务。3 年后，其在美国纽约证券交易所成功上市。

如今，西门子公司已成功成为全球性跨国公司。面对全球性的经济环境变化、日益激烈的市场竞争、人类发展、环境保护等众多议题和挑战，2008年西门子公司首席执行官罗旭德先生及其领导的管理委员会团队迅速做出对公司结构的重大改革，将整个公司集团的众多部门合并为三大业务集团，即工业、能源、医疗，并在公司原有的优势和基础上制订了全新一体化战略规划。

西门子公司管理委员会的工作将着眼于把这些价值标准付诸企业经营活动的方方面面，进而使所有利益相关者获得最大化的利益并保持企业本身的长期可持续发展①。

8.3 独立：监事管理独立，专业决策避险

8.3.1 德意志银行双层治理结构状况

德意志银行股份公司（以下简称德意志银行）建立了双层制治理结构，监事会负责任命管理委员会成员、监督管理委员会行为并提供建议和决定其薪酬；管理委员会负责整个公司运营（图 8.4）。

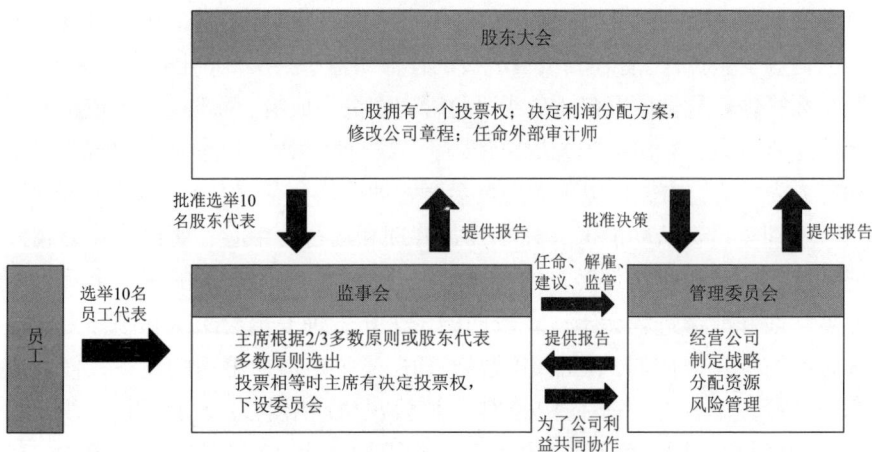

图 8.4　德意志银行的双层制治理结构示意图

德意志银行监事会由 20 名成员组成，其中 10 名股东代表、10 名员工

---

① 杨晓宇. 2010. 德国西门子公司的管理委员会研究. 华东师范大学硕士学位论文.

代表。监事会主席为股东代表，副主席为员工代表。监事会主席由股东任命，并在投票数相等时有决定投票权。监事会成员年龄分布在 47～70 岁，最长任期为 5 年，可以连任，但任期内要求年龄不得超过 70 岁，不允许在监事会和管理委员会同时任职。

监事会下设专业执行、审计、风险、提名和协调 5 个专业委员会。德意志银行监事会各委员会及成员情况表 8.1 和表 8.2。

表 8.1　德意志银行监事会各委员会概况

委员会	构成	职责
执行委员会	4 人组成 （2 名股东代表，2 名员工代表）	决定合同事宜和管理委员会的薪酬。薪酬综合考虑个人表现，公司在市场中的地位和表现，同时要根据公司可持续发展能力进行调整
审计委员会	6 人组成 （3 名股东代表，3 名员工代表）	负责监督财务状况和内部控制，检查独立审计师的工作
风险委员会	3 人组成 （全部为股东代表，替补委员 2 人）	负责监督信用、市场、操作、法律、声誉和其他风险
提名委员会	3 人组成 （全部为股东代表）	负责向股东大会提名监事会成员
协调委员会	4 人组成 （2 名股东代表，2 名员工代表）	负责协调各委员会的相关事务

表 8.2　德意志银行监事会成员情况

股东代表			员工代表		
姓名	背景	任职	姓名	背景	任职
Clements Borsig	德意志银行前高管、前首席执行官	监事会主席，担任提名、执行、协调和风险委员会主席，审计委员会成员	Karin Ruck	法兰克福子公司员工联合委员会副主席，曾任德意志股份监事会员工代表	监事会副主席、审计和协调委员会成员
Karlgerhard Erick	曾任德国电信公司管理委员会副主席、卡尔施泰特万乐股份公司管理委员会主席	审计委员会主席	Wolfgang Bohr	公司杜塞尔多夫员工联合委员会主席和一般职工委员会主席	协调委员会成员
Sir Peter Job	施罗德、美姿巴士软体公司、荷兰皇家壳牌石油公司董事	审计和风险委员会成员	Peter Kazmierczak	不伦瑞克地区员工联合委员会主席	
Henning Kagermann	思爱普公司首席执行官	风险委员会成员	Alfred Herling	伍珀塔尔地区员工联合委员会主席	执行委员会成员
Suzanne Labarge	可口可乐公司董事	风险委员会替补委员	Gerd Herzberg	服务业独立工会	

续表

股东代表			员工代表		
姓名	背景	任职	姓名	背景	任职
Maurice Levy	阳狮集团主席和首席执行官、多家公司董事		Martina Klee	法兰克福员工委员会主席	
Theo Siegert	多家公司董事	风险委员会替补委员	Henriete Mark	慕尼黑员工联合委员会主席	审计委员会成员
Johannes Teyssen	德国能源公司运营总监		Gabriete Platscher		
Tilman Todenhofer	博世公司管理合伙人	执行、协调、提名委员会成员	Marlehn Thieme		审计委员会成员
Werner Wenning	拜耳公司管理委员会主席、多家公司董事	提名委员会成员	Stefan Viertel		

德意志银行管理委员会共 7 人，集团执行委员会共 11 人（表 8.3）。集团执行委员会提供咨询、协调和决策支持，非决策制定机构。

表 8.3　德意志银行管理委员会和集团执行委员会成员情况

管理委员会成员			集团执行委员会成员	
姓名	职位		姓名	职位
Josef Ackermann	管理委员会主席		Josef Ackermann	集团执行委员会主席
Stefan Krause	首席财务官		Stefan Krause	集团委员会成员
Hermann Josef Lamberti	运营总监	管理层	Hermann Josef Lamberti	集团委员会成员
Hugo Baenziger	首席风险官		Hugo Baenziger	集团委员会成员
Juergen Fitschen	全球区域管理负责人		Juergen Fitschen	集团委员会成员
Rainer Neske	Head of Private & Business Clients		Rainer Neske	集团委员会成员
Anshu Jain	Head of Corporate & Investment Bank		Anshu Jain	集团委员会成员
			Seth Waugh	德意志银行美国执行总裁
		顾问层	Werner Steinmuller	Head of Global Transaction banking
			pierre de Weck	Head of Private Wealth Management
			Kevin Parker	Head of Asset Management

8.3.2　德意志银行双层治理特点

德意志银行的双层治理特点主要体现在以下三点。

第一，监事会具有较强的独立性、专业性和权威性。规定监事不得兼任管理委员会委员，充分保证了监事会成员的独立性；管理委员会成员离职 2 年后方可担任监事会成员，外部监事大都在知名公司监事会或高管层现任或曾任要职，具有丰富的公司治理、管理或财务经验；员工监事绝大部分是本公司各地区的劳资委员会或员工委员会负责人，在代表员工行使监事权利方面有一定的代表性和权威性。

第二，监事会充分发挥专业委员会在决策过程中的作用。监事会下设执行委员会、审计委员会和风险委员会，每年都会召开数次会议，主要讨论提交监事会审议的各重要事项；专业委员会参与企业决策的实际情况良好，保证监事会决策更具针对性和更加高效；另外，审计委员会主席虽是外部监事，但在公司专职坐班。

第三，强化全面风险管理。风险管理是监事会和管理委员会首要的关注事项。管理委员会对整个集团风险和资本进行全面管理，监事会对集团风险和资本预测进行日常监督。监事会设置风险管理委员会。管理委员会设置首席风险官，由管理委员会成员担任，负责集团信贷、市场、执行、流动性、业务、法律和声誉风险管理，同时负责资本管理并领导法律风险和资本管理部门。

8.4　启发：加强专业独立，兼顾长短发展

我国公司的集体领导模式具有中国特色社会主义元素，是广大中国企业家经过不懈的探索和努力归结成的智慧成果。在将集体领导具体落实到公司治理的制度上，德国的管理委员会制度能够提供实际借鉴。

以我国四大国家控股商业银行（以下简称四大行）为例，它们在股份制改制和上市后均依据"有效制约、协调发展"的原则，设立了股东大会、董事会、监事会，并引进了独立董事制度。作为权力机构的股东大会、决策机构的董事会、监督机构的监事会和执行机构的高级管理层都具有明确的权利与职责。但在公司治理的实际执行上，还存在优化空间，可借鉴国外先进经验予以改进[1]。

---

[1] 程凤朝. 2011. 德国公司治理实践及借鉴意义. 农村金融研究，（4）：44-49.

1）董事会的独立性、专业性和权威性有待进一步加强

董事会能否有效发挥在公司治理中的重要作用，关键在于董事会构成和董事自身的专业素质。然而，中国企业普遍存在以下几个问题。

首先，执行董事占比较高。例如，四大行执行董事均为 4 人，在董事会中所占比例最高达 28.57%，最低为 23.52%，这一方面可以保证执行层对董事会的决策深入了解并贯彻执行，使董事会决策更具执行力；但另一方面执行董事数量较多，在一定程度上会削弱董事会的独立性、公正性和客观性。公司能否实现价值最大化、股东利益最大化、社会回报最大化的关键取决于高管层的管理工作，同时需要董事会的决策、指导和监督。有鉴于此，德国新修订的《德国公司治理守则》规定，管理委员会离职 2 年后才可以在监事会任职。部分公司认为，执行董事数量越少越好。以花旗银行为例，董事会共 15 人，只有首席执行官为执行董事，其他包括董事长在内均为非执行董事。

其次，非执行董事缺乏稳定性和连续性。例如，四大行的非执行董事主要是财政部、汇金公司选聘的股权董事和从社会聘请知名人士担任的独立董事，年龄大都在 45 岁以上，具有一定的专业性和权威性。但是，商业银行业务和公司治理专业性很强，熟悉相关业务需要较长的时间。按《中华人民共和国公司法》的规定，一届董事会一般任期不得超过 3 年，从中国工商银行、中国建设银行、中国银行三大行的董事会构成来看，最近一次董事会换届时非执行董事发生了很大变化，此对公司治理造成了一些麻烦。

最后，独立非执行董事占比偏低，在公司工作时间短、决策参与程度偏低。例如，四大行独立董事占比最高达 37.5%，最低为 28.57%；独立董事不但占比低，而且在所聘单位工作时间短，其中有些人身兼数职、精力有限，制度上也没有长期坐班的规定。而从德国公司治理实践看，审计委员会主席、风险管理委员会主席等要职都需要在公司坐班。

有鉴于此，建议中国企业进一步强化董事会自身建设、降低执行董事占比、增强董事会成员独立性和加强董事会成员专业性。非执行董事的选聘可逐步实现市场化，保持董事会构成的连续性和稳定性；加大对董事会成员的制度和业务培训，提高决策水平；建议独立董事（尤其是风险管理委员会主席、审计委员会主席）增加在公司工作的天数，以便及时了解、掌握、研究相关方面的问题，并予以及时判断和决策。

2）薪酬与长期绩效挂钩有待进一步提升

金融危机后，欧美国家普遍认识到管理层追求短期利益是导致道德风险的主要原因，因此出现了政府出面干预薪酬的情况，更加注重薪酬与长期绩效挂钩。而目前中国企业在薪酬体制方面还存在一些问题：第一，中国大中型企业目前基本上都建立了公司制的薪酬体系，以基本薪酬和绩效薪酬为主，但绩效挂钩时限较短，基本上是以当年业绩为主；第二，股权董事薪酬与所在公司的绩效不挂钩；第三，个别公司薪酬名义上与绩效指标挂钩，但实际上管理层中一些高管的薪酬没有大的差别，原因是董事会缺少对高管层的绩效考核办法或严肃认真的考核过程。

我们或可借鉴欧美公司治理实践中的薪酬体系设置，推行长期激励机制；薪酬不仅要与公司利润及收益率等指标挂钩，还要与不良资产、资本充足率等核心监管指标挂钩，同时注意财务指标与非财务指标的结合、定性指标与定量指标的结合；建议各银行将所有董事和高管的工资与企业绩效指标进行适当挂钩，形成可以量化的考核方案，管理层定期向董事会述职，接受质询，全体董事行使考核权，同时考虑引入职工参与对董事和高管考核；研究银行内部不同层级间的薪酬分配，把全行实现的绩效汇集起来，在全体员工范围内合理分配[①]。

3）专业委员会作用有待进一步提高

专业委员会是董事会的议事机构，是弥补董事会会议决策缺陷的重要手段。董事一般在会议前两周获得议案，由于董事来源和会议决策议案的多样性，单个董事依靠自身很难独立做出决策。因此，通过专业委员会开展调查研究和深入论证决策十分必要。从欧美国家的实践看，专业委员会每年召开多次会议，并开展专题调研。而我国公司专业会议一般都在董事会前一天或半天召开，基本上是履行程序，不是调查论证，专业委员会明显存在规模不够、力量不足和会议召开频率不高的问题。

建议改进专业委员会的组成，聘请专业人士担任成员或顾问，充分发挥专业委员会的研究论证作用。鉴于中国资本市场的某些特殊规定，如审计委员会、薪酬委员会等专业委员会主席要由独立董事担任，增加副主席席位，由非独立非执行董事担任。董事会要审议的议案均应先经过专业委员会论证，审核通过后再提交董事会审议。

总体来看，中国企业与德国企业公司治理模式的区别对比见表 8.4。

---

① 洪芳. 2015. 德国雇员民主参与的特点及其对我国的启示. 山东社会科学，（9）：143-148.

表 8.4 中国企业和德国企业公司治理模式对比

中国企业	德国企业
执行董事占比较高,独立非执行董事决策程度低,且缺乏稳定性和连续性	管理委员会离职 2 年后才可以在监事会任职,独立非执行董事需要在公司坐班
股权董事薪酬与所在公司绩效不挂钩或仅名义上挂钩	推行长期激励期权,与多项指标挂钩
专业委员会明显存在规模不够、力量不足和会议频率不高的问题	专业委员会每年召开多次会议,并开展专题调研

他山之石,可以攻玉。以具体制度的约束来保障公司集体领导模式的运行是德国公司管理委员会制度给予我们的最大启示,恰当的公司治理制度有助于提升领导决策的科学性,使其更加贴近公司战略发展的实际需求,也更能充分凝聚集体的力量来推动公司的发展。

第 9 章

创新创业　齐心协力

晏子初　裴　董　高　昂

　　在大众创业、万众创新的浪潮下，大量的创业者在神州大地涌现出来。创业者怀着成功的梦想，希望在广阔的市场当中获取一份属于自己的天地。创业者一般会遇到这样的问题：如何发现创业机会？应该进入什么领域？如何管理创业公司？如何搭建创业团队？另外，创业企业的创始人还会遇到搭建创业团队的一系列问题：如何处理与其他联合创始人的关系？如何实现高效决策，既听取他人意见并寻求共识的同时，又避免陷入议而不决的局面？这些问题事关创业企业生死存亡，也反映了创始人与创业团队的领导力。众多知名的天使投资人和创投机构都指出，在早期投资活动中他们最关注的既不是商业计划也不是盈利模式，而是创业者与创业团队。优秀的创业者和创业团队能够在快速变化的市场中适时调整，在坚守本心的同时适当变通。

　　创业不同于守业，在创业的不同阶段创业企业应当呈现出不同的管理方式。企业管理的模式与领导方式很难做到"一招鲜吃遍天"，对于创业企业来说更是如此。创业的不同阶段创始人应当考虑利用各种模式的优势，在实现管理效率的同时，还要防止企业出现致命的生存危机。大部分创业企业在早期是由一个英雄式领导统帅的，创始人以最快的速度带领创业企业在市场占据一席之地。当创业企业发展到一定阶段的时候，创始人个体独裁式的管理方式可能不再适合创业企业的继续发展，一方面是创始人的管理受到精力限制，难以再做到事无巨细，很多具体事务的决策需要依赖制度和其他管理团队成员共同完成；另一方面，创始人的认知难免会存有偏差，这种偏差可能促成企业的快速成长，但也可能给企业带来一些负面影响。创业团队可以在很大程度上规避独立创业者认知偏差所带来的风险，但是组建好的创业团队也并非易事。优秀的创业团队除了在业务上需要团队成员能够各自独当一面之外，更需要培育和发展良好的人际关系。

本章将通过对三九企业集团（以下简称三九集团）、新东方教育科技集团（以下简称新东方）及小米科技有限责任公司（以下简称小米科技）三个知名企业的案例回顾来进一步阐述集体领导在创业企业发展壮大过程的独特作用。最后浅述华为公司轮值首席执行官/轮值董事长制度，举例说明企业初创成功后创始人在构建领导制度方面的大胆创新。

9.1 败局：成自集权果断，败于一意孤行

现如今，创业早已不是草莽英雄单纯凭借过人的胆识与时代的助推就能成功的了。市场环境变得越来越复杂，依靠个体的智慧很难长期不间断地做出正确的判断，如果不懂得组建团队，团结众人力量，那么很可能在竞争中处于劣势，再强大的个体在团队集体面前也可能变得不堪一击。在创业初期，高度集权的个体决策方式也许能给初创企业带来效率的优势，使得企业依靠"快"字诀在市场中赢得一席之地。在企业发展壮大的过程中，创业者独裁的决策方式将受到创业者个人精力及认知偏差等多方面因素的限制，从而最终制约企业的发展。管理大师罗伯特凯莉也曾提到过，企业的成功靠团队，而不是靠个人。一个成功的企业往往是一个注重团队合作的企业，完全依靠个人英雄主义的企业很难做到基业长青。

9.1.1 三九集团的崛起

三九集团，一个曾经中国成功企业的代名词，其创始人赵新先是一位成功的企业家，赵新先的辉煌故事随着三九集团被华润集团债务重组而宣告落幕。三九集团的成与败是其创始人赵新先个人浮沉的记录。赵新先是一个敢想敢干的企业家，曾英雄般地带领三九集团站在行业的高地上向全球第一发起过冲锋，也最终因自己的偏执使三九集团陷入巨额债务的深渊。在这个过程中，作为创始人的赵新先到底做了什么，又是什么使三九集团走向了衰落之路呢？三九集团的崛起与没落给人们留下了无尽的话题，而这些话题中最引人深思的是赵新先创立的"一人机制"。赵新先凭借"一人机制"带领三九集团驶入了发展的快车道，也使"一人机制"成了部分企业模仿的治理结构，而三九集团辉煌的终结又使得人们再次审视"一人机制"在企业管理过程中的得与失。

回顾三九集团与赵新先的故事还要从三九集团的成长过程说起。1985年8月，广州第一军医大学下属南方医院药局主任赵新先受命组建了三九

集团的前身南方药厂（下文以三九集团代替）。随着国内中成药市场的不断扩大，三九集团也依靠"三九胃泰"这款家喻户晓的产品打开了市场。三九胃泰投产的第一年，三九集团就取得了超过千万的销售收入，这为三九集团购进先进设备打下了良好的基础，也将三九集团引向了良性循环的轨道。此时的三九集团像是由赵新先一人带领的一支高效部队，在"荒野"上建立起了中国第一条中药自动化生产线。在接下来的几年时间里，三九集团继续推广拳头产品三九胃泰，并顺利研发出皮炎平等备受市场欢迎的新药。截至1988 年底，三九集团产值已经达到 18 亿元，利税超过 4 亿元，是当时品牌知名度较高、效益较好的中药企业，也成功进入了全国企业 500 强。

三九集团的快速发展不仅为企业赢来了利润与生命力，同时给企业的掌舵者赵新先赢来了个人荣誉。赵新先多次受到国家的各种嘉奖，并被授予了"全国劳动模范"称号。此时的赵新先已经成了企业界的知名人物，他对三九集团的管理也越发如鱼得水。

1991 年南方药厂正式脱离广州第一军医大学，由解放军总后勤部接管，由于赵新先在此之前对三九集团的成功运营，解放军总后勤部对三九集团的管理向赵新先充分放权，明文规定三九集团由赵新先一人管理，由他对企业的资产运营全权负责。而赵新先也对总后勤部的这种宽松管理方式甚为满意，决定三九集团不设副总经理，由赵新先本人同时兼任总经理和党委书记，对下属部门进行直接管理。这样的治理结构使得三九集团成了一个高度集权化的企业集团，赵新先个人的权威地位在集团内部不会受到任何挑战，赵新先本人也将这种治理结构称为"一人机制"，各种媒体也将赵新先的管理方式予以积极报道，这在当时的社会引起了不小的轰动。

三九集团的治理机制在当年是绝无仅有的，不仅国有企业没有这种"一人机制"管理模式，就连具有一定规模的民营企业也很少有这样的治理方式。大家都对赵新先这个成功企业家能将三九集团带向何方充满了期待。赵新先和三九集团充分享受着"一人机制"为三九集团和赵新先个人带来的各种益处，在一段时期内，由于三九集团决策快、内耗少、权责没有争议，三九集团继续迅速发展，而彼时的赵新先和三九集团还没有意识到一场危机正在向他们袭来。

9.1.2 三九集团的危机

随着改革开放的步伐不断加快，企业间市场竞争越发激烈，部分经营不善的国有企业在时代的浪潮中开始显得力不从心。而地方政府也将这些经营不善的国有企业看作地方沉重的包袱，纷纷通过各种办法促进这类企业兼并重组。赵新先作为一个久经沙场的成功企业家，在这场大规模的兼并重组浪潮中发现了商机。

赵新先认为，凭借三九集团已有的品牌价值、销售渠道、资金等方面的优势可以很好地将那些濒临破产的企业进行整合重组，于是三九集团开始了以大规模收购为主的"下山摘桃"行动。在行动初期，赵新先还是选择业内企业，首先选择了四川雅安制药厂进行并购，事实也如赵新先所料，三九集团凭借自身强大的基础背景，在不到一年的时间里就使雅安制药厂这个走向衰落的企业重获生机，实现了过亿产值。而雅安制药厂的成功经历使得赵新先更加相信自己的判断。

事实上，雅安制药厂的成功并购，不仅给赵新先带来了继续并购的勇气，也使赵新先和三九集团成了不少地方政府的座上宾。地方政府希望他们能够接手本地一些经营不善的国有企业。在地方政府及市场的追捧下，赵新先和三九集团逐渐开始有些膨胀，认为三九集团的成功经验不仅可以在医药领域继续复制，在其他领域也能获得成功。

在这样的背景下，从1996年到2001年，三九集团并购了超过140余家地方国有企业，所属企业遍布全国，涉及医药、食品、地产、农业、酒店等众多行业，将三九集团在短期内变成了一个多元化的企业集团。而在这迅猛的并购过程背后，各种问题也逐渐凸显。其中，最主要的就是资金问题，大量并购本身就是一件极其考验企业现金流的事情，更不要说在并购后对收购企业进行升级改造将是对资金状况的第二次挑战。虽然为了吸引三九集团对本地企业进行兼并收购，地方政府在收购款项的支付方面给出了很大的优惠力度，如配合三九集团获取低息贷款，甚至给予其免息挂账等待遇，但是负债终究是负债。截至1998年，三九集团的资产负债率就已经超过了80%。大多重视企业风险控制的人能够意识到这是一个危险的信号，但是这并没有阻止三九集团并购的步伐。事实上，给三九集团带来巨大压力的不仅是负债率大幅上升，还有逐渐下滑的并购成功率。在医药领域三九集团并购后成功运营的比例超过八成，这还是一个非常不错的成绩，但在医药领域外的大部分并购却都以失败告终。这些失败的并购企业占用了三九集团大量的资源。

三九集团遇到这样的问题与赵新先个人有着不可分割的关系。赵新先不满足于做中药企业的龙头，也不满足于做医药企业的龙头，所以大规模兼并了近 10 个行业领域的企业。由于三九集团的"一人机制",要想将这些企业都运营好,赵新先本人必须同时成为这么多行业的行家里手,但这是违背商业规律的,赵新先自然不可能熟知每个行业的具体情况。有人曾用"战略清晰、战术混乱"这一描述来评价三九集团在兼并重组时的表现。一系列的并购几乎没有进行必要的论证,实际上更多地依赖着赵新先的"一人机制"在发挥作用。

9.1.3 三九集团的谢幕

兼并重组给三九集团带来了不少压力,然而时代仿佛还打算助力赵新先一把。在 20 世纪 90 年代末期我国市场经济开始逐渐发展起来,企业直接融资和间接融资都有了更广阔的渠道。赵新先也对成长的资本市场抱有浓厚的兴趣,他认为资本市场不仅是企业发展的助推器,其本身也是个巨大的利润源。此时的三九集团在赵新先的心中已经逐渐由一个实业集团变成了一个资本平台,对此赵新先本人也颇为骄傲,曾公开表态"在资本市场上,三九的表现仅次于德隆"。这时的三九集团已经没有再把自己和实业企业做比较,转而将对标对象换成了一个资本玩家。

但是,赵新先在资本市场毕竟是个新手,其做实业虽有一套较为成熟的经验,但对资本市场的运作赵新先并不熟悉。虽然三九集团在一级市场上连续发力,但这并不代表赵新先已经掌握了资本市场的规则,反而为日后埋下了巨大的隐患。

资本市场和上市公司都讲求完善的治理结构与清晰的账目,而赵新先对此并没有加以重视,依然按照以往的方式继续行事。赵新先认为,在其管辖范围内就都是左手和右手的关系,企业间的资金调配挪用是理所当然的事情,由此三九集团各下属企业内部形成了大量的关联非公允交易。

然而要分享资本市场的红利就需要遵守资本市场的规则,并接受资本市场的监管。2001 年中国证券监督管理委员会(以下简称证监会)在对三九集团的检查中发现,三九集团存在大量大股东和关联方占款问题,占款总额超过公司当时净资产的 95%,对此证监会对三九集团及赵新先个人做出了严厉谴责,并将此定性为"有重大失职行为,情节特别恶劣"。

随后证监会对于三九集团旗下的上市公司进行了一系列的调查处罚,责令三九集团旗下的上市公司整改规范。这使得三九集团在资本市场上的声誉受到了严重影响,其很难再进行直接融资。而赵新先本人为了不使三九这艘巨轮倾覆,不仅没有按照证监会的要求进行规范,反而为了救急形成了更大数额的关联占款。

2003 年，问题最终总爆发，此时的三九集团已经形成了近百亿的银行欠款无法偿还，20 余家债权银行集体向三九集团进行讨债，其持有的上市公司股权被轮候冻结，赵新先已经无力回天。

为了收拾三九集团留下的烂摊子，国务院国有资产监督管理委员会引入了华润集团对三九集团进行兼并重组。而赵新先本人在 2004 年被免去了三九集团总经理和党委书记的职务，并因经济问题在 2005 年被捕入狱。赵新先与三九集团的浮沉是一个民族企业的兴衰纪实，也是对一种企业治理结构的验证纪实。赵新先的权威领导在给初期的三九集团带来巨大利益的同时，也给后期的三九集团留下了难以估量的隐患。

9.2 合伙：志同道合互信，联手铸就辉煌

在很多成功的创业公司案例中，企业的创始人常被塑造成一个无所不能的英雄，他们通过果断的决策、出奇制胜的计谋为企业创下一片天地。但是，我们相对较少的关注到在这个英雄的背后往往还有一个团队在齐心协力的保障着企业日益成长壮大。在当代的创业环境中，大部分创业者已经开始意识到了团队的力量，有的在创业初期就以一个团队出现，而有的企业在站稳脚跟或是取得融资后，很快也意识到了团队的重要性，以高薪和期权为许诺，吸引一些知名企业中高端人才加入创业企业的管理团队。事实上，管理团队能够良好运转的却不多，许多创业公司在管理团队的人才方面还停留在为我所有，而非为我所用的状态。这类创业企业在走上扩张道路之后虽然在组织架构上有了一定规范化的改变，但在最终治理结构和决策模式上还是受制于最初创业者的个人意志。

一个企业在创业初期，创业者个人的决策是无可替代的，这时候讲求更高的效率、出奇制胜的战术，这是企业安身立命之本。当企业站稳脚跟之后，则需要一个完善的治理架构来保障企业继续前行，它能帮助企业在复杂变化的环境中生存发展，这也是现代企业制度优势的体现。个人的意志不再替代股东会董事会及整个管理层的决策流程，这不仅增大了企业规避致命风险的概率，也为企业的发展和传承打下了坚实的基础。

新东方这个名字对于中国大部分英语学习者来说非常熟悉，其以独特的教学方式、明晰的教学目的、高质量的教育成果立足于英语培训市场，尤其是在留学英语市场上有着重要的地位。对于新东方这个企业的创立与发展，有着无尽的传说，而最常为人们所乐道的就是新东方的"三驾马车"，

即俞敏洪、王强、徐小平。俞敏洪与王强是北京大学时的同学，王强也是俞敏洪曾经的班长，徐小平是当时北京大学艺术教研室教师、北京大学团委文化部长、北京大学艺术团艺术指导，也是俞敏洪大学时代仰慕的人生导师，他们三个的相识并没有太多特别之处，似乎一切都是顺理成章的，但是三个人能最终走到一起并创立新东方这样一个知名的企业确实颇具传奇色彩。三位创始人个性鲜明，职业道路的起点迥然不同，然而最终王强和徐小平两人却能助力俞敏洪的梦想，形成一种表面上"好马配破鞍"的特殊合伙结构。

9.2.1　新东方的成立

俞敏洪，1962 年 10 月出生于江苏江阴，1980 年考入北京大学西语系，毕业后留校担任北京大学外语系教师。1991 年 9 月，俞敏洪从北京大学辞职，开始了自己的创业生涯。在创业之前俞敏洪可以说是一个不折不扣的倒霉蛋，连续三次高考才考上北京大学，因为是班里唯一一个来自农村的学生，俞敏洪当时还不大会讲普通话，曾经还因为方言过于浓重让老师误认为他在说日语，这些都使得俞敏洪在北京大学求学期间被身边的人冷落嘲笑。更为不幸的是在大三那年，俞敏洪染上了肺结核，被迫休学一年。幸运的是，在求学期间的种种遭遇非但没有阻止俞敏洪进步的步伐，反而成就了他坚毅、乐观、包容的性格，这也为他后来成功创立新东方埋下了一颗善良的种子。

大学毕业后，俞敏洪虽然没有像其他同学一样拥有太多的选择机会，不过还好在北京大学谋了一份教职，英语教学也深受同学们的喜欢。但俞敏洪并不满足于此，为了赚更多的钱贴补家用，俞敏洪偷偷出去接课，私自在校外办班，结果被学校发现后给予了处分。这一事件使得俞敏洪成了当时北京大学的一个标杆性人物，也促使俞敏洪真正下决心自己走出来干一番事业。

新东方创业伊始，俞敏洪单枪匹马，仅有一个不足 10 平方米的漏风办公室，零下十几度的天气，自己拎着糨糊桶到大街上张贴广告，招揽学员，还时常因为张贴小广告而被居委会工作人员四处追跑。不过因为俞敏洪的踏实与诚恳，最初的这些问题都没有阻碍新东方的发展。新东方的名气在准备出国留学的学生当中越发响亮，在同一时期就能有数千人在新东方接受出国培训。此时的俞敏洪已经不再满足于简单的办办补习班贴补家用的想法，他希望新东方能够成为一个规范的企业，帮助更多有留学意愿的学生争取到留学的机会。

9.2.2　人才汇聚新东方

虽说新东方算是做出国培训较早的机构之一，但在新东方创办之前，北京已经有三四所同类学校，新东方能做到的，其他学校也能做到，如何在这个日益增长的出国留学市场中先人一步抢到更大的份额，成了当时困扰俞敏洪的问题。经过长时间的观察与思考，俞敏洪发现大部分培训机构在发展过程中很容易遇到瓶颈，这是因为当时的培训机构依赖的不是机构自身的品牌，而更多的是个别优秀教师的口碑。好的教师自己也可以出去做培训，机构很难留住人，另外培训机构也受到好教师数量的限制难以实现规模化发展。俞敏洪意识到单靠自己一个人新东方是没有办法发展的，他需要找到合伙人一起来建立完善的管理体系，把控好教学过程当中的各个环节。这时的俞敏洪想到了自己的老朋友王强与徐小平，如果能够邀请他们加入，新东方的发展壮大就更有保障了。

实际上，对于这个问题俞敏洪自己已经思考了很久。这批老友不仅符合业务扩展的要求，更重要的是这些人作为自己在北京大学求学时期的同学、好友，在思维上有着一定的共性，肯定比其他人能更好地理解并认同自己的办学理念，合作也会更坚固和长久。而正是正确的合伙人选择为日后新东方的领导团队能够发挥更大的合力打下了基础。合伙人加入前的仔细选择比合伙人加入后如何去磨合，如何去分配权力与利益，如何去统一思想往往来的更有效。

对于合伙人的选择这一问题，后来王强与徐小平也分别有过论述，王强曾提到，一定要跟最信任的朋友开公司，但一定要将友谊关在规则和原则的笼子里。当你的梦想点燃了周围人的时候，你要让他们和你一样相信自己的梦想，你真正的团队才会形成。而徐小平则对如何选择合伙人这个问题有更清晰的总结，他用3C（chemistry，complement，compromise）原则来进行了概括：第一，团队之间要互相仰慕和喜爱，这样才能产生如恋爱一般的反应，能长久地共事；第二，团队成员之间必须要互补，互补的团队成员不仅能够满足企业发展的需要，也能够使得团队成员各自独当一面，避免因人员能力职责重叠而产生矛盾；第三，团队成员之间必须能够协调妥协，不能仅以个人为中心。

根据徐小平的3C原则新东方的"三驾马车"几乎可以说是一个完美的结构，俞敏洪对于王强和徐小平的智慧与学识钦佩有加，而徐小平与王强则对俞敏洪的为人处世十分认可，三人拥有产生化学反应的基础。而俞敏洪对于留学考试的内容谙熟于心，王强则对英语口语有着深入研究，徐小平则在宣传造势、思想传播方面的能力较为突出，三个人彼此了解相互依靠实现了效用最大化。而至于妥协，则源于三人有共同的愿景。正如王强所说的，俞敏洪用他自己的梦想点燃了徐小平与王强的梦想，并通过自己的先前成果让他们二人看到了梦想成功的可能。在共同的愿景下，工作中产生的很多矛盾自然也就能够解决了。俞敏洪、王强、徐小平三人对于这样组合的优势都是认可的，于是俞敏洪也顺利地将王强和徐小平二人从美国和加拿大请回了中国。

除了最为著名的"三驾马车"之外，俞敏洪精心栽培的新东方这棵梧桐树也引来了包凡一、胡敏、钱永强、钱坤强、宋浩等一批新东方传奇人物的加入。

9.2.3　集体领导成就新东方

新东方的成功壮大不仅是因为俞敏洪请回了一批兼具能力与阅历的紧缺人才，更为重要的是俞敏洪通过自身的智慧将大家团结在了一起，发挥各自特长，并让大家充分参与到新东方的发展决策中，与新东方同舟共济。

大部分创业者虽然也是求贤若渴，但是得贤之后很难充分发挥贤才的作用，不是对其听之任之就是仅仅用其充当门面，而并不能使其真正参与到公司管理中。俞敏洪在大学求学期间的经历使得他拥有超越常人的包容能力，而且能让王强和徐小平在新东方充分发表自己的意见，并直接地指出俞敏洪和新东方存在的问题。不仅是对王强和徐小平，对自己后来引进新东方的其他人，俞敏洪在听取意见上面也展现出了相当大的包容，以至于后期在新东方形成了首席执行官联席会议制度。当然俞敏洪的包容也是有前提和条件的，首先是大家拥有共同的愿景，在这个大前提下，大家从各自的角度阐述对于当前情况的想法；其次，俞敏洪对新东方还是有着绝对的控制能力，虽然一些人不能接受绝对的权力这个概念，但是俞敏洪在尊重大家的前提下，也不允许因为过分的民主影响新东方的效率或是行动上的不统一。俞敏洪这恰到好处的把握使得新东方在发展过程中受益于集体领导而不是受制于集体领导。

虽然新东方的"三驾马车"没能持续至今，但是毫无疑问，当时的集体领导实践在新东方是成功的，也是合适的。这也才使得俞敏洪在今天对"三驾马车"进行回顾时能够有底气地说到，大家现在是相逢一笑，回头看去，大家都进了一步。

9.3 团队：知人善用聚力，顺势而为圆梦

小米科技是近年来本土科技企业崛起的代表之一，而其创始人雷军也因为小米科技的爆红而获得了"雷布斯"的称号。虽然在创立小米科技之前雷军已经是一个带领金山软件走向行业巅峰的成功企业家，但是雷军并没有因为过去的辉煌而将自己视为孤傲的英雄，反而他更相信团队的力量。再次出发创立小米科技时，他苦心寻来了六位身怀绝技、胸怀理想的合伙人，各司其职协力奋进，共同实现了七个"老男孩"的手机梦，也为今后创业企业团队的组建写下了生动的一课。

9.3.1 "老男孩"的手机梦

小米科技正式成立于 2010 年 4 月，是一家专注于智能产品的移动互联网平台公司。小米科技通过小米手机让市场最早了解到这个以"为发烧而生"为产品理念的科技公司。小米科技开创了用互联网模式开发手机操作系统、"发烧友"参与开发改进的模式。小米科技由雷军创办，共七名创始人，分别为创始人、董事长兼首席执行官雷军，联合创始人总裁林斌，联合创始及副总裁周光平、刘德、黎万强、黄江吉、洪锋。在讲述小米科技的故事前我们先来回顾小米科技七位创始人的一些基本资料。

雷军，小米科技创始人、董事长，大学三年级时凭借帮人开发软件赚到了"第一桶金"，作为企业管理者，他带领金山公司完成上市，并成为如今最大的多元化民族软件企业，而作为天使投资人帮助无数创业者实现了梦想，用行动诠释成人达己的要义，如今再次走上创业路，立志将小米科技建成为一个倍受世人尊敬的企业。

林斌，小米科技联合创始人、总裁，曾任微软公司软件开发师、微软亚洲工程院工程总监、谷歌中国工程研究院副院长、工程总监，因为对于信息技术行业的热爱，其放弃华尔街著名投行的邀约，加入微软公司成为工程师，而彼时微软公司工程师的薪水不到投行的一半。凭借自身的天赋与努力，林斌很快在微软公司受到重用，并成为微软亚洲工程院的创办人之一。

周光平，小米科技联合创始人、副总裁，曾任美国摩托罗拉手机总部核心设计组核心专家、摩托罗拉北京研发中心总工程师及高级总监、戴尔星耀无线产品开发副总裁。在摩托罗拉工作期间，其主导开发了全球第一

款手写商务手机 A6188、全球第一款卫星定位手机 A780 及摩托罗拉最畅销的机型之一 Ming A1200。周光平加入戴尔星耀后，分工负责戴尔全球手机的全面开发。

刘德，小米科技联合创始人、副总裁，曾任北京科技大学工业设计系系主任、北京凡朴工业设计公司明斯克航母项目负责人、北京 New Edge 设计有限公司创始人兼首席设计师。刘德在工业设计方面有着过人的天赋，其作品曾多次获得国际大奖。

黎万强，小米科技联合创始人、副总裁，曾任金山软件设计中心设计总监、互联网内容总监、金山词霸总经理等职务。在金山工作期间，参与了金山毒霸、金山词霸、WPS Office 等多个知名软件项目的设计与开发，是国内最早的人机交互界面设计专家及领军人物，开创了中国软件与互联网人机交互应用新局面。

黄江吉，小米科技联合创始人、副总裁，曾任微软的 WinPhone 软件工程总监，负责 Windows Mobile 和 Windows Phone 7 多媒体播放器、浏览器和即时通讯的开发。黄江吉不到 30 岁就已成为微软工程院的首席工程师，是微软工程院最年轻的首席工程师之一。

洪锋，小米科技联合创始人，副总裁，曾任甲骨文公司首席工程师、Google 美国高级软件工程师、Google 中国搜索产品经理。洪峰在上小学的时候就开始学习计算机，编写程序来解决实际问题。洪峰最令人惊奇的经历就是他在 Google 用 20%的业余时间，和几个人一起做了 Google 3D 街景的原型。洪峰在美国 Google 的时候，是高级工程师。后来洪峰回到中国，在中国谷歌，他又是第一产品经理。他主持开发的谷歌音乐，成了中国谷歌为数不多的饱受赞誉的产品。

拿 2010 年前后任何一个互联网创业公司的创业团队来和小米科技相比，小米科技的创业团队都是一个不折不扣的异类。没有一个年龄小于 30 岁的年轻人，大家全部都是拖家带口加入小米科技的。创始人雷军虽然当时已经是知名的企业家和投资人，但事实上小米科技是雷军离开校园后第一次真正意义上的创业，因此他也并非创投界所推崇的连续创业者。

从人际关系来看，小米科技的 7 人核心团队中有和雷军相识超过 10 年的同事兼朋友黎万强，也有先前仅一面之缘的刘德、黄江吉。小米科技的创始团队从内部人际这个维度来看也并非创投机构所青睐的成员之间熟识多年、有过共事经验的创始团队，甚至可以说从团队间先前关系来看，小米科技创始团队是一个不及格的团队。但是，从职能角度来看，这个团队又近乎是完美的。团队成员当中有的熟悉手机整体供应链环节，有的擅长系统开发，有的熟悉人机交互技术，也有在市场营销领域卓有经验的老兵，这不仅帮助小米科技这家新成立且主要创始人从未涉足硬件领域的公司快速进入手机市场，同时因为每个人各有专长，也为后期团队分工协作打下了良好的基础。

9.3.2　抢滩登陆的小米科技速度

虽说小米科技的核心创始团队并非传统我们所期待的团队，但正是这一创始团队搭配成了小米科技后来获得成功最重要的因素之一。早在 2006 年，苹果公司刚刚推出 iPhone 时，兴奋不已的雷军就买了不少送给自己的朋友和亲人，他预感到手机这个行业将发生变革。不仅像 iPhone 这样的智能机在冲击传统手机行业的格局。国内像金立、魅族、步步高这些手机领域的入门公司也能在市场上掀起波澜。对信息技术老兵雷军来说，他知道机会可能就要来了。但雷军并没有急于求成，而是为此足足筹备了三年有余，为自己储备足够的知识，也组建一个能抓住机遇的团队。为了更加深入地了解最新互联网运作模式，他亲自担任了投资企业优视科技和多玩游戏网的董事长，四处寻觅和游说人才，将自己的手机梦想与其分享，也正是这期间找到了另外六位联合创始人。

小米科技创立的 2011 年正值手机行业发生大变革之际。3G 取代 2G，智能机取代功能机，这两大重要转折为新兴手机厂商在市场当中抢占一席之地提供了机遇。小米科技恰逢此时创立，按照雷军自己的话来说小米科技是站在了风口上。但是，如何在其他厂商完全进入市场、在消费者心中树立起形象之前小米科技再次抢得先机成了小米科技成立后面临的最紧要问题。创始人雷军虽然有相当丰富的企业管理经验和人脉，但是他毕竟没有做过手机，甚至可以说没有真正涉足过硬件领域。如何才能在短时间内打通供应链，又如何能使消费者接受这个全新的品牌，对于雷军和小米科技来说都是巨大的挑战。雷军知道凭借他个人的力量显然无法完成这样的挑战，因此他希望通过团队其他成员的优势来弥补自身的短板。于是，雷军找来了小米科技的另外六位合伙人。七个人各自独当一面，从工业设计到供应链流程，从交互体验到互联网营销，每一个方面都有合伙人是行家里手，这使得小米科技在研发过程中走了极少的弯路。

从小米科技正式成立到小米操作系统 MIUI 内测版推出不到四个月。第一款小米手机也在距离公司成立不到一年半的时间正式发布上市，这个速度对于一家从零开始的创业企业来说是难以想象的。2011 年 8 月 16 日，雷军在北京 798 艺术中心的舞台上发布第一代小米手机时，所有的聚光灯向他袭来。定价 1999 元的第一代小米手机几乎拥有时下最顶尖的配置及最高的性价比，这无异于向本已暗流涌动的智能手机市场扔下一枚重磅炸弹，也正是因为这次发布会上雷军如同乔布斯的穿着与动作，更是如同乔布斯一般给人们带来了一项项惊喜，人们给雷军取了一个新的称号——雷布斯。在随后的一个月时间里，小米科技在自己的官网正式开售小米手机，每次发布 10 万或 20 万部，但每次不到十分钟就抢购一空。在第一代小米手机发布一年后，雷军宣布小米科技的营业额突破 100 亿元，原计划销售 30 万部的第一代小米手机，创出了 700 万部的销量，小米科技在智能手机行业站稳了脚跟。也正是这样的小米速度帮助小米在移动互联网时代赢得一张珍贵的入场券。

9.3.3　分工协作共创企业明天

小米科技团队成员的差异化专业背景对于小米的快速成功起到了至关重要的作用，但是小米科技团队成功的精髓在于如何利用好差异化团队，而不仅仅是拥有差异化团队。小米科技内部不仅在合伙人层级，甚至在整个员工内都不讲求森严的等级观，每一个员工都平等相待，创始人雷军也和大家一样坐货梯、乘经济舱，这样促使了团队在轻松的伙伴式工作氛围中建言献策，也逐渐形成了一种崇尚自由平等的企业文化。

小米科技的决策机制不仅帮助公司在平等的环境中更多地享受集体智慧的益处，而且保证了创业企业最为看重的决策效率。虽然小米科技内部，尤其是核心创始团队之间都享有自由的话语权，但这并不代表决策权也是如此自由。在战略决策上创始人雷军享有绝对的权力，其他团队成员的意见又使得创始人雷军能够在拥有充足信息的情况下进行决策考量，这在很大程度上发挥了民主集中的优势。而在具体细节的决策上，小米科技依赖其独特的用户沟通机制，具体负责合伙人乃至一线员工都可以在一定程度上进行尝试，但是并不直接进行最终决策，而将这个决策权留给了自己的终端用户。这样的决策机制既保证了小米科技团队内部能够合理高效决策，同时增加了用户的参与感，形成了小米科技的一大亮点。团队的力量在小米科技得到了完美的展现。

一个优秀的创业团队需要团队成员既有能力分工，又懂得如何协作。团队成员的专业差异能促使成员间合理分工，而共同的使命和价值观则引导各成员在分工的基础上进行协作,分工与协作相辅相成,两者缺一不可。在创业初期更多保障核心团队能够分工协作的不一定是规范的条文章程,而是主要创始人的认知与胸襟,但随着企业的成长和发展也需要将这种意识写入企业的文化与章程。小米科技的创业史为后来者诠释了分工合作在创业团队中的价值。创始人雷军曾说过:"一个人干一个人工作的公司是不行的,在这么激烈的竞争中无法降低成本;一个人干两个人的工作,人员没有任何冗余,任何一个人走都会对公司结构造成致命的损失,组织不能够安全运行。"①在这样的情况下,降低运行成本、提升企业效率唯有寻求团队的力量,创始人需要用自己的梦想点燃同行人的梦想,共同推动企业的发展壮大。

9.4 轮值:轮流执掌企业,共担发展重任

随着华为市场规模的不断扩大,战略决策与执行的压力逐步增大,仅仅依靠一位领导者把控复杂的国内和国际市场越发困难。2002 年,华为的业绩第一次出现负增长,对于国内传输市场盲目乐观的预测给华为带来了极大的损失。任正非开始意识到个人决策的风险,他在《董事会领导下的 CEO 轮值制度辨》中曾提到:"过去的传统是授权予一个人,因此公司命运就系在这一个人身上。成也萧何、败也萧何。非常多的历史证明了这是有更大风险的。"此后,任正非开始着手设计轮值制度,以发挥集体智慧,以任正非为核心的华为管理团队也开始集体走进大众视野。

9.4.1 华为轮值初体验

华为实行轮值管理机制是由自身的组织现状和内部情况共同决定的。早在 2004 年,华为内部即萌生出轮值的想法,当时华为正聘请美国顾问公司为自己设计组织架构。美国顾问公司对华为进行评估分析后,发现华为尚无中枢机构,高层多进行任命,很少参与运作指导。发现问题的华为决定建立经营管理团队,自 2004 年起任正非开始对华为实行逐步放权管理,首次实行轮值首席运营官制度,以半年为一周期,由 8 位副总裁轮流担任华为经营管理团队主席。轮值首席运营官制度锻炼了轮值人员平衡全局利益的意识和能力,激发了管理团队人员的领导力,也提高了跨部门间团队

---

① 佚名. 2018-05-28. 雷军留名:不是因程序员成名. https://new.qq.com/omn/20180504/20180504A0WLG7. html[2020-01-17].

的协调能力。

到 2011 年华为的轮值首席运营官制度完成了两次循环，华为也从轮值首席运营官制度升级为轮值首席执行官制度。华为再次授权给一群"聪明人"，同样以半年为一周期。轮值首席执行官由郭平、徐直军、胡厚崑三位轮流担任（之前的 8 位副总裁中 3 人离职、1 人退出管理层、1 人不参与轮值），形成以任正非为核心的轮值管理制度。华为有着严格明确的任职资格标准和选拔评估机制，董事会也会制定相关的轮值制度，并对轮值首席执行官成员进行定期的评价考核，依据考核结果进行人事调整。

轮值首席执行官在轮值期间作为公司的最高决策者，主要负责企业短期的战略策划、科研方向和企业制度设定，市场销售、质量管理等日常的经营决策则放权给下级的管理层。任正非在自己的文章《一江春水向东流》中提到："每个轮值 CEO 在轮值期间都奋力地牵引公司前进，即使在轮值期间有哪一位 CEO 走偏了，下一任的轮值 CEO 会及时去纠正航向，帮助华为这艘大船能够及时地拨正船头，避免了问题的累积过多而得不到解决的情况的发生。"

执行轮值首席执行官制度的 8 年时间来，华为的营业收入额从 2000 多亿元增至近 7000 亿元，营业收入额翻了 3 倍多。轮值首席执行官制度的成功部分源于华为集团领导集体决策的智慧力量，最高决策者的交互叠换也给华为注入了创新活力。

9.4.2　轮值制度的演化与推广

董事会是公司战略、经营管理和客户满意度的最高责任机构，承担带领公司前进的使命，行使公司战略与经营管理决策权，确保客户与股东的利益得到维护。2018 年，华为完成董事会换届选举后，用轮值董事长制度替代了轮值首席执行官制度。华为依旧延续了以任正非为核心的集体领导模式，华为的治理机制更加民主化。任正非认为，不可将公司命运系于一人，轮值董事长可以避免某些人独掌权力，也可以避免优秀领导人才的流失。

轮值董事长的任期为 5 年，以半年为一周期参与轮值。在当值期间的轮值董事长是公司的最高决策者，在处理日常工作上拥有最高权力。轮值董事长能够得到常务董事会的集体辅佐与制约，董事长负责公司规则的制定，主持持股员工代表会并拥有对治理相关规则及重大问题表决的权力，轮值董事长的履职受监事会的监督。

从制度上看，轮值首席执行官对企业战略策划和制度建设短期负责，是战略策划和制度建设的主持者，是董事会决策的执行者；而轮值董事长是公司最高决策者，拥有更大的决策权。从实际运行来看，之前的三位轮值首席执行官同时兼任华为副董事长的职位，这次轮值制度"升级"后，还是郭平、徐直军、胡厚崑这三位副董事长来轮值，执行上没有明显变化。华为正努力营造一种全体董事民主协商的氛围与治理文化。

轮值制度是企业管理中少有的创新管理机制，华为采用轮值制度后取得了显著的积极成效，越来越多成熟的大型公司也开始纷纷效仿应用。过去在谈到京东内部人事架构及管理模式的改革意见时，熟悉的人总是用"强势"二字来形容京东的掌舵人刘强东。毕竟，整个京东平台根本性的重大决策，一直都掌控在刘强东自己手里。刘强东在一次媒体访谈中曾经直言，在公司有什么事情需要决定的时候，"找我底下的高管没有意义，找到我就能搞定"。2017年4月，被外界称为"外来的职业经理人"沈皓瑜离开了京东，两年时间里京东的首席执行官职位一直空缺。

2018年，京东的营业额比创业之初也增长了上千倍，着眼于长远战略的刘强东决定对公司的治理架构进行变革。于是，2018年7月16日京东发布公告宣布实施轮值首席执行官制度，徐雷任京东轮值首席执行官，全面负责京东日常工作的开展并向京东董事局主席兼集团首席执行官刘强东汇报。刘强东在京东内部公告中表示："公司期望通过这一制度的实行，全面提升组织协同效率，更好推动京东商城业务的创新发展，全面拥抱无界零售未来，并为更多优秀的领军人才提供发展空间。"由此可以看出，京东实施轮值首席执行官是当前组织管理与发展的诉求，京东既要保证每个内部模块的自主创新，又要保证各部分之间形成完善的协同机制以提升组织管理效率。徐雷自2009年加入京东以来，历任多个要职，凭借自身对品牌建设、互联网产品创新和网络营销的深刻洞察与全面理解，为京东的品牌塑造、产品研发、营销体系的建立、战略转型等多个方面做出贡献，使京东的品牌形象更活泼并开始涉足诸多文娱事业。

9.4.3 轮值制度在初创成功企业中的利弊分析

在企业发展的特定阶段，轮值制度能够为企业成长、培养传承助力。轮值制度可平衡公司内部出现的各种分歧与矛盾，有助于推动公司在均衡稳定的内部环境中成长。轮值制度盘活了人们对于"一把手"管理模式的认识，有助于调动管理团队的积极性。轮值制度帮助华为在发展中及时寻找到正确航向，在复杂的市场环境中找准目标定位，灵活化的管理制度使其能快速地跟上时代技术变化与更迭的步伐，不断创新与发展。轮值制度使每位轮值人员都有机会担任公司的最高决策者，他们不仅要构建制度、确定战略，还要处理紧急事件并化解危机，每人半年履行职责的过程都是对他们的全面锻炼与快速提升。轮值期间也让他们有机会转化视角发现问题并去解决问题，也促进了他们创新意识和能力的提升。轮值人员不仅要有过硬的技术本领，还需要丰富的工作经验，能够处理企业面临的各类危机事件。古话常说"新官上任三把火"，轮值制度也让他们对工作保持热情，激发他们的斗志和勇气。华为的这一制度既可培养具有胜任力的首席执行官，以赛带练是国际普遍证明的人才培养的最佳模式之一，与直接从副总中提拔相比，这一制度可以更加清晰地判断哪位决策者更能胜任首席执行官职位。

轮值制度有利于华为做出更周全的决策，但这一制度在一定程度上可能会降低战略决策的效率，同时可能影响战略执行的连续性。从管理实践来说，半年的轮值制度时间期限较短，对于许多决策尚不能走完一个完整的战略执行周期，一项决策可能需要多名轮值人员参与执行，这样会造成最终决策权责不明。若期间发现某些变故，可能会导致决策无法按期完成或出现失败，难以确定错误根源，也容易产生相互推诿的后果。轮值制度最大的劣势在于没有一个居于最终的决策权（任正非也只有否决权）。华为没有培养固定的接班人，轮值者大都权力对等，这对华为未来的影响尚不明朗。正如任正非所说的："华为实在是找不到什么好的办法。首席执行官轮值制度是不是好的办法，它是需要时间来检验的。"[①]

9.5 启示：齐心携手创业，分工协同创新

在很多人的观念中独裁可能是对创业企业而言最合适的管理方式，诚然在创业的最初期，由于资源有限、内外部环境因素变化迅速，由单个创业者作为主要甚至全面决策者可以有效地提高创业企业效率，使得创业企业能用快招、奇招在市场上抢占一席之地。但是，在度过这段最初的创业期之后，若创业者不重视企业治理架构的建立，或者创业者过分依恋权力，事无巨细地去管理则很有可能对企业的继续发展形成阻碍。

对于刚刚取得一定成绩的创业者而言，他们获得了市场的肯定，正蓄势待发向新的高地发起冲击，这是创业者最幸福的时刻，但这也是创业者

---

① 任正非. 2012. 董事会领导下的CEO轮值制度辨. 华为人，（248）.

最容易犯错的时刻。先前的成就不仅给创业者带来了喜悦与资源，同时可能使得创业者野心开始膨胀。有的目标过于宏大，有的急于求成，甚至有的将企业与个人混为一谈，公私不分，这些情况对于企业的发展来讲都是致命的。在这种时候，单单依靠创业者个人的理性与反思往往已经不足以对企业的发展道路起到纠偏的作用，而管理团队的建设能有效防止创业者因为个人利益或偏见将企业带入歧途。集体领导力三维模型中提出的同心同德、团结协作、集体决策这三个维度也正是此时创业者需要注意的几个方面。与成熟的大型企业不同，创业企业在此时虽然做出了一些成绩，但创业企业所处环境及企业愿景仍是处在一个高速变化的状态，这时创业团队更应当注重同心同德，团队内在目标上达成一致这对于创业企业保持效率、减少内耗仍然是至关重要的。因此，对于当下时期的创业企业而言集体领导的决策方式也有着独特的优势，其六大基本特征包括分工协作、发展成长、共同理想、顾全大局、民主集中、和而不同，其不仅可以帮助创业团队尤其是创始人处理事务性问题，同时为创业团队在人际关系及分工协作方面做出了指引。

对于任何一个成功的创业者来说，在整个创业的过程中必将经历数次变革，不仅涉及企业技术的变革、目标市场的变革，同时会涉及治理模式的变革。创业企业引入集体领导不是削弱创始人在创业企业的管理作用，反而是将创始人和企业同时推向了一个新的高度，这样可以帮助企业获得长期稳定的发展。

第 10 章
兼并收购　团队融合

窦吉芳　赵　锴　高　昂

　　随着世界经济全球化发展，中国企业在国际舞台上发挥的作用日益增强，越来越多的中国企业参与国内外并购。然而，无论是国内还是国际的企业并购，并购双方往往需要付出极大心力克服各种艰难困苦，团队若不能很好地融合往往会令双方头痛。在此背景下，发挥集体领导的作用推进团队融合，打造一支具有统一战略目标与合作态度的团队，对合并后企业的发展非常重要。集体领导强调在共同理想和价值观的基础上实现分工合作与集体决策，兼具民主集中与和而不同。面对并购过程中错综复杂的问题，集体决策、共同领导能够帮助企业灵活处理潜在的对立问题，达到目标与结果的平衡。

　　本章对并购背景下企业的融合问题进行利弊分析，探讨集体领导在企业并购融合过程中所能发挥的作用。我们将选取国内企业的成功并购案例及中国企业并购国外企业的成功案例，挖掘并购融合过程中的关键要素，分析集体领导的角色和价值，期待能够为中国企业的融合并购及集体领导提供借鉴与参考。

10.1　并购：发现优势互补，促进价值提升

　　当企业内部成长的速度及成长能力已无法满足企业的发展需求时，兼并与收购便被提上日程。并购远非企业的终点，而恰恰是企业发展的新起点。全球 500 强企业几乎都有并购的历史，战略发展、市场策略、协同发展是驱使企业进行并购的常见因素。

　　从战略发展的角度来看，并购能够有效帮助企业获取稀缺资源，企业通过并购不仅可以弥补自身发展的不足，还可以打开市场局面，从而获取

战略优势地位并获得战略性收益；从市场策略的角度来看，并购能够有效帮助企业扩大市场份额，增强并购企业的市场竞争力。另外，企业并购也进一步优化了整个市场的企业数量，从侧面提升了准入壁垒，在一定程度上加强企业的市场话语权，达到从整体上提升企业业绩的效果；从协同发展的角度来看，并购是企业双方优势互补、价值提升的过程。一方面，并购产生的规模效应会带来成本的降低；另一方面，原有经营范围的扩大，能够从横向上提升企业的市场占有率。

需要注意的是，公司进行并购以后，原本独立的两个公司需组建新的管理团队，来自不同公司的管理者可能会因为文化差异或者沟通不畅而产生潜在的融合问题。在并购背景下确保高管团队有效融合是非常有必要的，具体来看，企业并购后对高管团队进行有效融合的意义体现在以下四个方面。

（1）资源有效利用。对于高管团队来讲，无论是并购方还是被并购方都积累了大量的资源，这些资源包括人力资源、政治资源及经济资源等。如果能够实现并购企业管理团队的有效融合，一方面能够有效促进管理人员彼此的资源再利用，防止资源因为高管人员的离开而流失；另一方面，公司既有业务的融合也能够在运营与业务上实现取长补短，更好地完善新公司的资源体系。

（2）管理实现"1+1>2"。企业并购前后高管团队的有效融合，能够更好地发挥管理上的协同效应，发挥强强联合的优势或达成负负得正的结果。这种协同效应很容易理解，如 A 公司在研发管理方面具有丰富的经验，B公司在财务运作方面具有高超的管理水平，二者合并后，B 公司的财务运作能力可为 A 公司的研发提供资金支持与保障，这实际上也是并购融合的价值体现。

（3）促进企业发展创新。企业间的并购融合，有助于带动企业的创新创造，此类创新不仅体现在产品上，也体现在服务流程及业务模式上。对融合后的企业进行文化及知识管理，能够进一步促进技术间的互融共通，并有效改善原有的业务与服务，提升企业创新能力，进一步巩固企业的市场地位。

（4）发挥榜样带动作用。一旦实施并购，并购方要做好准备将被并购方纳入"自己人"的范畴。并购企业可通过培训及交流等不同的方法，提升员工队伍的心理安全感、调动员工积极性。需要关注的是，双方企业员工同样会在意高层领导团队的实际融合情况。并购企业高管团队的融合或被员工视为企业并购的关键环节，领导团队的协同融合或将发挥榜样作用，推动并购后企业平稳发展。

并购不等于融合，历数并购案例，喜忧参半。企业并购以后，高管团队多样性增强，这一多样性体现在任职背景多样性、认知多样性、文化多样性等几个方面。综合来看，高管团队的有效融合能够给企业绩效带来潜在的优势，但同样存在潜在的风险。作为战略并购的发起方，一定要在并购之前有清晰的战略目标，为团队提供清晰的发展方向，提升团队的凝聚力。管理团队内部应建立通畅的信息交流渠道，健康的沟通与高度的信任尤为重要。同时，在这一过程中也要警惕可能因为信任和文化而带来的理解偏误及安全感缺失问题。那么，到底如何更好地促进并购后企业的绩效提升呢？我们期望借助下面三个案例为大家呈现企业并购前后管理团队的互动过程。

10.2　联姻：高管团队融合，弱弱联手变强

中国东方航空集团有限公司（以下简称东方航空）与上海航空控股有限公司（以下简称上海航空）并购是一个"弱弱联合"变强的重组案例。2009 年 6 月 8 日，东航航空与上海航空两家公司实施了战略合并重组。作为两家上市公司，这次的并购重组实际上是为了更有效地调配资源、提升企业的整体价值。根据公开的合并方案，两家公司主要采取换股吸收进行合并，合并后上海航空将成为东方航空的全资子公司，其资产负债、业务活动及人员将被完全吸纳到东方航空，但上海航空的品牌和经营权会被单独保留。

东方航空与上海航空都是基于上海为经营总基地的航空公司。两家公司在业务上存在着重合项目，同时在基础场地及资源上存在竞争关系。东方航空一直以来都走在国内航空运输领域前端，但是自从 2002 年以来，多方原因导致其营业收益连年亏损，资不抵债。最初东方航空意欲吸引外资，但是因为种种原因均以失败告终。在此情况下，如何寻找生存与发展的突破，便成为东方航空的一个难题。上海航空成立于 1985 年，依托上海市政府的支持，虽然有着得天独厚的优势，但是经营业绩也出现了持续亏损，急需资金注入来维稳扶持。基于双方各自的发展困境，寻求合作共赢的道路成为双方共同的诉求。

东方航空与上海航空的并购重组，对双方来讲都具有战略意义。同在上海的两家航空公司，东方航空和上海航空通过资源整合，能够进一步降

低原有的经营成本,深入运用上海的整体市场,提高整个企业的资产红利与抗风险能力。另外,通过打破原有的竞争局面,取消重合航线,开发新的航线,进一步提升飞机的利用率与增加航线的数量,实现航线与航权的有效利用。从更宏观的角度看,两家公司如果能够并购重组,一方面将改变上海市场的竞争业态,有利于资源配置的合理优化,同时能够进一步发挥上海航空枢纽港的潜力,重新打造现有国内航空巨头的新格局。

落实到具体的东方航空与上海航空的重组方面,双方都做了积极的准备。在人力资源方面,两家公司合并之前东方航空的管理层便进行了一系列调整。2008 年 12 月 12 日,东方航空第五届董事会第 17 次会议决议,同意李丰华因工作变动辞去第五届董事会董事、董事长职务,根据东方航空推荐,同意提名刘绍勇为第五届董事会董事候选人。同意曹建雄先生因工作变动不再担任公司第五届董事会董事职务和总经理职务。根据东方航空推荐,同意聘任冯须伦先生为公司总经理并提名为公司第五届董事会董事候选人。2009 年,整个东方航空管理层进行了调整,高管团队中有两位高管因为其他原因解任,四位高管离任,其他八位高管得到继续聘任。2009年,东方航空高管层进一步变动,五位独立董事因为任期满六年而离任,更换了新鲜的血液,为后续的并购进行了重要的准备,也为集体决策提供了重要基础。

上海航空方面,2009 年,冯须伦、唐兵、李养民等分别担任上海航空的董事长、总经理、董事等高管职务。利用东方航空管理层进行控制性管理的方式,保证了上海航空与东方航空合并以后管理层理念的一致性。而原有的上海航空高管人员则并没有进入东方航空的管理层团队中,后续分析发现,上海航空原管理层相当一部分在合并后进入了中国联合航空。基于良好的定位及团队之间的融合,东方航空与上海航空的并购融合取得了实质的进展,协同效应明显。融合后的东方航空提高了行业集中度,核心团队稳定发展,员工士气高涨,经营绩效也随之有了大幅度的提升。相关数据显示,合并之后当年东方航空便实现了扭亏为盈,飞机的利用效率提升,整体国际竞争力也得到了很好的提升。

10.3 吞并:精心筹划收购,以小吞大共赢

第二个实例跟第一个略有不同,东方航空与上海航空的融合是国内公司在一定发展阶段所进行的并购整合,而吉利控股集团(以下简称吉利)收购沃尔沃集团(以下简称沃尔沃)则是跨国并购中的一个典型案例。相

比于国内团队的并购融合，跨国企业因为本身文化的差异及经营运作的不同，进行并购融合的难度要更大一些。吉利收购沃尔沃过程中及收购后的团队融合，则堪称"教科书式"的顺利。这一过程中不可避免地存在诸多困难与问题，在处理与工会之间的沟通及高管团队协力的搭建运作上，吉利给了我们很好的启示与参考。

2010 年 8 月 2 日，吉利正式完成了对福特汽车公司旗下沃尔沃的全部股权收购。吉利在 1997 年才开始进入汽车领域，十几年的高速发展成长使其成为中国汽车行业的代表企业，沃尔沃成立于 1927 年，是一个具有近百年历史的全球知名汽车企业。一个仅有十几年发展历史的民营企业到底采用了什么策略成功并购一个拥有几十年发展历史的世界性汽车品牌，达到以弱制强的"蛇吞象"式并购呢？我们通过进一步分析来看看吉利为推进并购所采取的一系列措施。

吉利并购沃尔沃并非心血来潮一时兴起。实际上，从 2002 年开始，吉利的掌门人李书福先生便开始对沃尔沃进行研究。沃尔沃轿车以"安全"而著称，是北欧最大的汽车生产制造企业，1999 年美国的福特公司花费 64.5 亿美元收购沃尔沃，但是因为福特公司经营业绩的连年亏损及收购后沃尔沃技术使命的完成，出售沃尔沃便成了福特公司战略发展上的必要策略。而吉利公司为了顺利收购沃尔沃，也做了非常周密的布局与考虑。

下面，我们来看一下吉利方面具体都做了哪些准备。首先是人才团队的组建，在正式并购之前，吉利组建了高竞争力的团队，吸引了包括童志远、袁小林、沈晖、魏梅、许国桢在内的管理团队 200 多人，全职运作整个并购事宜。一方面，这些优秀人才具备领域内丰富的知识与实战经验；另一方面，这么多优秀人才愿意选择吉利，也证明了他们对吉利公司发展的普遍看好。同时，团队之间思想统一、分工协作，集体处理整个并购事宜，这让这支队伍发挥出极强的战斗力。

除了人才团队的组建外，吉利与沃尔沃方面的沟通及与工会的沟通都非常积极。在并购谈判初期，沃尔沃瑞典工会对吉利的竞购非常反对，但是在正式签约前，沃尔沃工会发表声明支持吉利的收购。而这一态度转变的过程，与吉利方的积极沟通分不开，吉利先后邀请沃尔沃工会负责人前往中国进行考察。与此同时，为了进一步消除沃尔沃工会的担忧，吉利承诺达成并购以后，也会长期聘任沃尔沃的原始员工，不会对原有组织进行大换血。收购结束后，虽然吉利拥有沃尔沃 100% 的控股权，但是它们之间的关系并非传统意义上的"父子关系"，而是建立在互利共赢基础上的"兄弟关系"。原有的沃尔沃的总部、工厂、经销渠道、员工队伍、管理团队均被保留。不仅如此,为了更好地帮助沃尔沃走出经营困境,吉利从全世界聘请了具有丰富管理经验的人员执掌沃尔沃,如沃尔沃的总裁兼首席执行官由熟悉全球市场和瑞典与中国文化的大众北美前首席执行官雅克布担任等,保证了从资金、文化、理念上的全面布局。

并购之后,沃尔沃的总部依然设在瑞典哥德堡,吉利采用"沃人治沃"的形式并在对董事会成员的选举上尽最大可能做到了全球筛选。通过保持原有的绩效考核及公司治理体系,公司平稳度过了合并后的员工震荡期。通过先后成立"沃尔沃–吉利对话与合作委员会"有效地调整了双方在管理理念及文化上的差异,虽然在员工层面仍然不可避免地存在猜忌与担忧情绪,但是高层明确的战略指示及适当的人力资源融合策略渐渐减轻了存在的负面情绪。相关统计数据发现,吉利收购沃尔沃仅一年便一举扭转了以往的亏损局面,实现盈利,随着公司绩效的慢慢提升及中国元素的慢慢渗透,沃尔沃的员工也慢慢接受中国的身份,接受收购融合后带来的新的发展变化,而吉利作为此次并购的主导者,也慢慢开始吸收并购后沃尔沃在技术、知识产权等方面的优势,进一步整合提升吉利在全球知名豪华车市场的份额与地位。

10.4 过渡:临时共同领导,实现平稳过渡

滴滴打车与快的打车的烧钱式竞争曾给人们留下深刻印象。时间回到2012年,仅一年时间国内市场即涌现出40多款打车软件。2012年8月24日快的打车上线,随后9月9日滴滴打车上线。2013年4月,滴滴获得腾讯1500万美元融资,同月快的获得阿里巴巴、经纬创投1000万美元融资,滴滴与快的软件的竞争迅速升级为腾讯与阿里巴巴两个巨头公司的竞争,面对如此强大的竞争对手其他的打车软件黯然退场。滴滴打车与快的打车为了快速抢夺客户,都采用大幅补贴打车费给用户和司机的方式来争夺市场份额,这场战争双方共损失近20亿元。

滴滴与快的意识到价格补贴的竞争只会两败俱伤,他们决定各自寻求差异化发展,以从产品创新中获取市场份额。此时专车领域尚未形成垄断,滴滴与快的都看准了改变人们出行方式的专车业务。快的推出专车近一个月后,滴滴推出滴滴专车,并邀请柳传志之女柳青加入助力。柳青上任运营总监后的第一次行动是根据关爱女性出行主题筹建了"粉爱联盟",凭借微信广大的用户量及与腾讯、联想、去哪儿网等企业的合作,滴滴的市场

宣传取得很好的成效。截至 2015 年 1 月，双方都经过了 4 轮融资，其中快的打车融资超过 9.3 亿美元，滴滴打车融资超过 8.1 亿美元。

2015 年 2 月 14 日当天，曾争斗激烈的滴滴与快的宣布合并，合并后将采用联席首席执行官制度，也就意味着滴滴首席执行官程维与快的首席执行官吕传伟将同时担任联合首席执行官，柳青出任总裁。在公司治理上，滴滴和快的合并后业务继续平行发展，人员架构也保持不变，并保留各自的品牌与业务独立性。2015 年 4 月 17 日，柳青面对外部采访时表示合并后滴滴、快的、一号专车这些品牌都会保留，业务部门则根据实际情况完成调配整合，如快的的骨干付强现在就在负责代驾业务，而专车业务则由一号专车与滴滴的负责人共同负责。

滴滴与快的促成中国互联网行业最大的未上市公司的合并。快的原首席执行官吕传伟表示："双方合并后，将集中两家公司的优势技术、产品人才，不断推出更为完美的出行服务产品，进一步加速市场拓展速度，产生更多的协同效应，提升整体竞争力，更积极有效地推动整个移动出行行业的发展。"[①]"出行工具不仅仅是出租车和专车。公交、地铁、物流等一切和交通行业相关的（业务），都是我们未来可挖掘的业务模式。在这个基础上，我们会重新划分两个团队的结构，综合新公司资源做出决策。比如说我们做物流、他们坐地铁。"[②]合并可整合双方资源可避免更大的时间成本和机会成本，减少资源上的浪费。滴滴快的合并后为同一目标奋斗，协力合作可规避运营风险，也可避免战略上的失误。合并后不久滴滴快的就抓住机会快速开展各类项目，如 2015 年 4—5 月滴滴快的先后在 App 上推出"一号快车""滴滴快车"出行服务，6 月滴滴快的推出拼车服务"滴滴顺风车"，这也是滴滴快的合并后推出的首个新产品，7 月滴滴巴士正式上线，滴滴快的推出代驾服务。

吕传伟是技术出身，负责专业创新，为企业创造机会；程维是营销出身，将专业上的创新进行市场化的精炼、执行、共享和发展，从而实现盈利。联席首席执行官制度的实行能够有效推动并购企业的融合。吕传伟个性果断、做事情干脆利落、有管理团队的经验，而且他重感情、讲义气。程维非常谦虚，愿意聆听他人的建议，还敢用"牛人"，敢信任"牛人"，凭借自己的执着与梦想，程维打动柳青加入了滴滴的团队。联席首席执行

---

① 佚名. 2015-02-14. 滴滴快的正式宣布合并 保持业务品牌独立性. http://www.sohu.com/a/2642419_115565 [2020-01-17].

② 王琳. 2015-12-07. 快的到滴滴 吕传伟欲淡出? http://www.sohu.com/a/46764961_184627[2020-01-17].

官制度不仅集合众人智慧，而且在并购初期能够有效实现团队融合，并推动新公司的业务重组。

基于并购需求设定的联席首席执行官制度，可能伴随公司并购业务完结而解体。滴滴快的合并不久，吕传伟即将所持有快的股份卖掉，进而淡出了滴滴快的。滴滴快的合并后的新公司领导人由原滴滴打车首席执行官程维和总裁柳青共同担任。程维和柳青组合也被称为"黄金搭档"：程维草根出身，从底层的销售一步步成长起来，他对市场的敏锐度、深入一线的执行能力是柳青所需要的；柳青出身名门，有大家风范，她的人脉资源、国际视野、在资本市场里高超的能力又是程维所需要的。对柳青而言，离开年薪400万美元高薪的高盛集团加入滴滴是一次新鲜的人生体验，更是一次大冒险。她严谨、执行力强。虽然她在内部被称呼为"青姐"，但柳青对自己的评价是"一个很犀利的人"。她和程维都很认同乔布斯说过的一句话："你今天为什么跟 A+ 的人做队友，因为你不需要过分呵护他的自尊心。"①你知道你出招对方能接得住，反之亦然。作为柳传志的女儿柳青对联想文化中的"复盘""搭班子、定战略、带队伍"等一些管理手段也很认同。"一定要搭班子"，她说，"真正好的管理者是有事能有人商量，一个人一定是有盲点的。"

目前滴滴快的在中国的 350 多个城市都开展了相关服务。从价格最低的巴士，到顺风车、快车、出租车，再到专车，滴滴快的的产品线已经可以解决 70% 的城市交通消费。未来滴滴出行的目标是成为技术、大数据方面领先的互联网公司。

10.5　启示：整合高管团队，保障战略施行

随着经济发展及市场竞争的日益加剧，通过并购的方法来进一步降低企业经营过程中的运作风险并扩大原有企业的竞争优势是很多企业发展过程中的有效选择。我们结合了具体的实例，聚焦兼并及收购过程中的高管团队，进一步探讨团队融合过程的有效性问题。对于企业来讲，融合实际上并不仅仅是有形资产的整合，也是对无形资产的有效重整运作，而对于高管团队来讲，经营理念、文化差异及行事风格的不同都会增加有效整合过程的复杂性与艰巨性。

---

① 焦丽莎. 2015-04-14. 学计算机出身的柳青，相信科技可以改变世界. http://www.sohu.com/a/10761106_115403 [2020-01-17].

通过上海航空与东方航空的融合，我们发现，在相似文化背景之下的"弱弱联合"，只要方法得当，也是能够发挥协同作用的，共同促进资源互补及优势共享，集体领导能够带给并购企业更多的资源及协同思想。东方航空与上海航空本身都是具备一定优势的航空公司，这一重组合并事件也是我们民航史上首次航空类上市公司进行并购的成功案例。通过对东方航空收购上海航空的复盘，我们看到在新领导团队构建方面，上海航空与东方航空均提前做好了布局，双方充分考虑了各自在经营中的优势，互通有无。对待员工的安排也做到了不裁员并通过加薪和提供培训等方式，促使整个员工团队对重组后的安排有较高的心理安全感。作为上市公司，在持股换股这一问题上，创造性地提出了互相换股的方式，在保留双方独立品牌的基础上，避免了资金的不合理分流。另外，作为两家独立的上市公司，必然会存在公司文化上的不同，面对这些可能影响公司未来整体经营理念的问题和挑战，东方航空保存了足够的耐心，通过成立专门整合小组的方式，对公司的文化进行循序渐进的引导。通过不断地调整与合作，加强交流与沟通，克服了因为企业文化而带来的公司合并的困境，这些都为两家公司成功合并迅速发展奠定了坚实的基础。

不仅仅是国内企业的并购，当前全球化市场的发展，全球性的并购越来越成为一种发展趋势。吉利收购沃尔沃的案例，引发我们对跨国并购的人力资源整合的思考。我们看到，跨国性企业的并购不仅带来了规模效益，也满足了企业在不同发展阶段对于业务扩张的需要，并充分利用双方的无形资产及有形资产。虽然整个并购与融合过程确实存在着一定的困难与风险，很多跨国性企业的并购也很难达到最佳的效果，但还是为我们进一步分析高管团队的融合提供了很好的借鉴。东方文化与西方文化的不同、企业文化和管理模式的差异给并购带来了困难，进行并购前，发起企业的领导者必须要全面而深入的进行市场调研，对当地的政治、经济及文化环境有翔实的了解与掌握，只有这样才能够实现高质量沟通，并在互相尊重的基础上理性面对文化及管理差异而引发的冲突与困难。同时，进行全球化布局的过程中，需要对人才进行储备与培养，借助全球人才的管理经验与先进经营理念，帮助跨国公司实现并购前后的平稳过渡。另外，西方文化下的工会力量往往非常强大，当他们对东方文化存在质疑时，也要善于从双方视角平和对待，尽量从解决问题的视角出发，降低潜在的矛盾与冲突，这些都需要依靠团队的力量集体解决，集体领导为我们提供了一个新的有效的视角。

在领导团队组建方面，与上海航空与东方航空的未雨绸缪、吉利沃尔沃的"沃人治沃"相比，滴滴与快滴合并后的团队组建则显得有些仓促。滴滴与快的在城市移动出行领域有着共同的愿景，合并是所有投资人共同的期望，因而合并计划仅在 22 天内就完成了。滴滴快的合并后双方拥有中国打车软件 99%的累计账户市场份额，合并使它们在最短的时间内拥有了近 3 亿的用户总量。在投资人的支持下，程维、柳青、吕传伟共同努力，高效推动两大出行服务公司的合并。"程维-市场、柳青-资本、吕传伟-技术"的优势领导组合也随着公司并购成功而自动解除，这也为我们全面认识集体领导实践提供了新的参考。不同于上市公司的高管团队，也不同于民营企业的联合创始人，企业并购过程中还会涌现出这样项目式的集体领导团队，始于并购项目开始，终于项目服务结束，其生命周期与项目同步。有效推动并购融合并非易事，作为并购的发起方，从集体领导的角度促进文化融合和团队融合，综合考虑社会情境的影响，都是在并购中需要予以重视的问题。

1）重视文化融合

复杂多变的并购融合情境对领导团体提出更多更严峻的挑战。在进行融合之前，深入的企业文化调研非常重要。并购团队要做好充足的心理准备，将并购建立在对并购双方的文化以充足的尊重和理解的基础上进行。集体领导的优势即在于团队协作与集体决策。通过团队协作，运用多方资源，重视可能面临的文化冲突，只有这样才可能在"求同存异"的基础上推进沟通的有效进行。根据实际情况灵活对待，必要的情况下提供灵活的解决方案。具体到可能面临的文化冲突，要有足够的耐心进行疏导和融合，即使暂时在一些问题上存在不同的想法与意见，也要合理对待，不建议采取强势的方法解决而给后续的长远整合留下潜在的隐形矛盾。

2）重视团队融合

高层领导团队是公司在进行并购融合过程中的关键因素。作为并购方，在制订了清晰的战略发展规划后，一定要重视团队的系统性融合。领导团队也要注意广泛征集意见、充分开展讨论、达成基本共识以后最终集体表决并坚决执行。在这一过程中，要尽量采用公平的方式选择并购后的管理人员。一方面，适度引入第三方人才和并购方人才，对并购后的企业进行管理升级；另一方面，要注意安抚被并购方员工的情绪，在获取信任和好感的基础上调动原有员工的工作积极性。

3）重视潜在力量

在发起并购的同时，也不能忽略诸如工会及基层员工的力量。在有效的集体领导下，延伸出有效的团队搭配与团队配合，挖掘潜在力量对整个方案及过程的有利影响。同时，面对对方所提出的问题，要多站在理解与解决的角度去考虑，"化敌为友"，加强与工会和基层等团队的联系，从而改变基层的意识形态，接纳被并购方的管理模式与组织氛围，增强员工对企业的忠诚感。

总而言之，虽然并购之路充满了艰辛与风险，但这也是企业发展的大势，而有效的并购必然需要集体的智慧与共同的努力。在共同理想和顾全大局的基础上，集体领导应该协作运营实现互补，同时发挥民主集中与和而不同的优势。在践行集体领导方面，无论是国内的成功并购案例，还是国际的并购案例，都为我们提供了良好的典范。通过对集体领导思想下高管团队关系融合的讨论，我们期待能够为后续的企业并购实践者提供参考。

第 11 章
集体智慧 众志成城

杨百寅　王　念　胡倩倩　高　昂

　　在古今中外的领导力实践中，领导者根据组织的实际情况，探索出了多种形式的集体领导模式，以华为为代表的轮值首席执行官制度，以及在各类组织中广泛存在的领导班子集体领导模式等。集体领导模式取得成功的重要原因在于：充分发挥了领导者的集体智慧，在领导群体的性格、知识、能力等多方面实现互补，在分工协作的基础上，有效规避单一领导的决策失误，最大限度地保证组织利益。

1. 梳理：借鉴古今中外，优化集体领导

　　各类组织中广泛存在的领导班子是集体领导模式的典型表现，集体领导模式在不同国家的公司治理领域均有体现，经过不断创新优化，近年来又焕发出了新光彩。

　　（1）中国企业的集体领导模式。我国很多企业遵循集体领导的原则，实现了良好的发展。我国著名的民族品牌、世界知名重型装备制造企业上海振华重工（集团）股份有限公司（以下简称振华重工），就一直很好地践行着集体领导制度，并在这样的制度下凝聚大家的智慧，取得了辉煌的成绩。在振华重工，任何重大项目和重大的发展战略决策都要经过董事会开会讨论，取得一致意见，并且一定要争得控股股东的支持，通过独立董事的论证，在股东大会上也要让散户股东了解，才能最终达成决议。这样的决策方式可以集合董事会成员、控股股东、独立董事、散户股东等多方的智慧，并能够有效地减少信息不对称及个人能力和知识结构的限制而造成的决策失误。振华重工将这样的决策流程完善为一种制度并沿用多年，完成了从 1992 年仅 100 万美元资产、十几名员工的微型企业到目前拥有 150

亿元净资产（2017 年数据）、营业收入达 219 亿元（2017 年数据）的上市公司和全球知名的重型装备制造企业。

华为探索的轮值首席执行官制度即对集体领导模式的一种创新。任正非在《一江春水向东流》的文章中曾总结自己领导华为走向成功的经验："也许是我无能、傻，才如此放权，使各路诸侯的聪明才智大发挥，成就了华为"。任正非意识到了放权的重要性，华为在 2004 年独创了经营管理者团队集体决策机制，由 8 位高层管理者轮流担任经营管理者团队主席，每人半年任期。经历了两轮以后，又演变为"董事会领导下的 CEO 轮值制度"，董事会是公司的最高决策层，三位轮值首席执行官在其轮值期间是最高的决策者。任正非认为："这比将公司的成功系于一人、败也是这一人的制度要好"。任正非坦陈他年轻时也有个人英雄主义思想，但"当我走向社会，多少年后才知道，让我碰到头破血流的，就是这种不知事的人生哲学"。任正非认为，华为的成功更多源于员工、客户等众人的力量，而并非个人的努力。正是这样一位深知集体领导重要性的战略家，建立起相应的集体领导制度，使得华为在疾风暴雨中乘风破浪持续前行。

这种轮值首席执行官模式的优势在于：第一，轮值首席执行官必须争取他人对他决议的拥护，这就需要将自己所管辖的部门带入全局利益的平衡，从而削平了公司中的山头主义倾向。第二，避免企业过于依赖某位领导者，实现风险分摊，减弱个体领导决策失误而对企业（组织）造成的损失。正如任正非所说："每个轮值 CEO 在轮值期间奋力地拉车，牵引公司前进。他走偏了，下一轮的轮值 CEO 会及时去纠正航向，使大船能早一些拨正船头。避免问题累积过重不得解决。"可以说，华为的成功并非是任正非一个人的成功，而是华为经营团队的成功，是任正非创造的集体领导制度的成功。

（2）外国公司的团队领导实践。集体领导不仅存在于中国企业，外国公司在长期的实践中，以不同形式开展类似于集体领导的实践，如团队领导、分享领导等。著名的国际商业机器公司和通用电气公司一直都是集体领导的践行者。

国际商业机器公司提出了"风眼力量"的概念，认为高质量的团队决策力源于团队杰出的领导者与团队所有成员之间的配合协作。国际商业机器公司还以"V"形的大雁群做比喻，向其员工灌输"分享领导力"的思想。领头雁（领导者）为飞在它身后的大雁挡住了大部分的风，使后边的大雁（下属）受到的气流冲击大大减弱，节省了体力。但领头雁不可能长期处于风口位置，所以领头雁要有秩序的时常换位置。所以，团队中每一位成员都有可能成为领导者，并且要随时准备成为领导者。而雁群用鸣叫来鼓励头雁，正如团队成员给领导者以力量。国际商业机器公司正是以这样的方式实践了集体领导的模式，成为行业内的领跑者。

类似地，通用电气公司早在成立之初就采用了集体领导的方式。1892年，在摩根的支持下科芬出任通用电气公司第一任总裁。20年后，科芬选择了赖斯继任他的总裁职务。此后，科芬作为董事会主席负责公司外部关系，赖斯作为总裁负责公司内部管理。两位领导人分享权力，联合掌权，这成为通用电气公司此后很长时间里的一种领导模式。科芬和赖斯在1922年同时退休，公司首席律师和主管政策事务的副总裁欧文·扬出任董事会主席，公司国际部门负责人施沃普出任总裁，两人的分工也和他们的前任一样明确，总裁作为公司首席执行官和人事管理者，负责日常运营和内部管理，董事会主席负责长期发展战略和公司外部关系。

（3）德国公司的管理委员会模式。德国以法律制度的方式规定了其国内公司实行类似于集体领导的领导模式。依据德国法律的规定，德国公司的管理结构必须遵循双层结构体系，即由监督委员会和管理委员会共同管理公司。管理委员会位置处于监督委员会之下，接受监督委员会的监督，其成员由监督委员会任命。管理委员会是公司实际的管理者，拥有高度集中的权力，被视为是一个整体，并不是某一个个体领导者的附属物。管理委员会主要负责企业的日常运营工作，如制定公司的经营和决策战略等。管理委员会通常由 7~8 位高层管理者组成，任期 5 年。管理委员会可以选举自己的"主席"，但管理委员会主席并没有法律赋予的最高权威，通常只是"发言人"，这一点与英美国家公司的首席执行官有明显区别。管理委员会的决策过程中一旦出现分歧，通常采用一人一票的方法进行简单多数投票，如果出现了双方票数相当，则由管理委员会主席决定，直到达成一致才能提交监督委员会进行决议。每位成员都有自己独立的职责，但同时要关心所有部门的事情，监督其他成员的工作，并且要为其他部门的错误承担一定的责任。

世界 500 强企业之一的德国拜耳公司，就在严格地实行着德国公司所特有的双层管理制度。拜耳集团总部的管理委员会由 4 名成员组成，是集团的最高执行机构，致力于服务整个企业的利益，并实现企业的可持续增值。拜耳集团的 4 名管理委员会成员中，主席主要负责协调企业政策原则，其他三位成员分别负责财务部创新与技术和环境事务部、战略和人力资源部等三个重要部门的工作，并且分别负责全球不同地区的公司。管理委员会成员每届任期 5 年，可连任。尽管管理委员会成员分管不同的部门，但并不从属于管理委员会主席之下，所有决策由这 4 位成员共同决策后发出。尽管这种决策方式给公司在效率上带来了一定的损失，但却能够在很大程度上避开风险。

2. 特例：领导协同组合，配合默契更优

二人协同领导模式可以看作集体领导的一种特殊形式，其形式并不局限于国有企业中"书记-经理"组合，民营组织中也广泛存在两位领导者协同合作的案例，这种两人搭档模式在特定条件下表现出了很高的有效性，也为我们认识广义的集体领导模式提供了一个独特的视角。

1）二人协同领导模式在民营企业和外国企业的实践

不仅仅是国有企业，一些民营企业也根据实际情况探索实践了二人协同领导模式。联想集团在 2008 年受到金融危机的影响而遭受了巨大的打击，当年亏损 2.26 亿美元，创下历史最高亏损纪录。在这样关键的时刻，联想"老帅"柳传志再次出山，与杨元庆搭档，分任董事局主席和首席执行官。自 2009 年起，联想奇迹般地扭亏为盈并高速发展，成为全球第二大个人计算机厂商。2011 年，柳传志在总结联想之所以能扭亏为盈的原因时说："最根本的原因是建立了一个好的班子，有了一套正确制定战略的方法，有一支坚强的能征善战的队伍"。由此可见，集体领导模式在联想发挥了重要作用。

西方一些企业中，存在着以联执首席执行官为代表的领导模式。美国著名的餐饮连锁店思比客有限公司（以下简称思比克）堪称有效联执首席执行官的典范。拉里·弗莱克斯和里克·罗森费尔德在携手创建思比客前，就已共事 12 年之久。日常管理中，两人分管不同的业务内容。罗森费尔德负责物业和投资者关系，而弗莱克斯专注于公司日常管理和餐厅的菜单。他们两人甚至还共享同一间办公室，两人的默契已经到了"不需要对话都能够做出重要决定共识"的地步。

在科技行业也有两个首席执行官领导一家企业的事例。在美国著名的戴尔公司总部，首席执行官迈克·戴尔的办公室与总裁兼运营总监凯文·罗林斯的办公室之间是一堵玻璃墙，中间仅有一扇敞开的滑行玻璃门。戴尔和罗林斯说他们是公司的联席首席执行官。这些共同掌权的首席执行官在工作上相互补充，在性格上也各有所长，虽然也会出现矛盾，需要磨合，

但他们的合作的确给企业带来了骄人的成绩。

　　1976 年，高盛集团高级合伙人莱文去世，公司管理委员会决定由约翰·文伯格和约翰·怀特黑特共同作为高盛集团的继任者。刚开始华尔街都担心这种两人共掌大权的领导结构会引发公司内部混乱。很快，他们发现自己错了，因为两位"约翰"配合默契，高盛集团也由此进入世界最顶尖级投资银行的行列。他们两位作为公司的联合领导人，虽然各有专长却并没有明确分工，因为他们希望让整个公司知道任何一个人的决定同时也是另外一个人的想法。1984 年，怀特黑特退休，文伯格不久之后也交出"指挥棒"，斯蒂芬·弗里德曼和罗伯特·鲁宾同时被任命为联合总裁和联合首席执行官。弗里德曼和鲁宾是高盛集团多年以来配合较为默契的一对，两人保持着对复杂问题进行有效磋商的习惯。正是这种高度的合作精神和一切从公司利益出发的意识，才让他们有如此默契的配合，才能领导高盛集团取得辉煌的业绩。

　　2）两位领导者权力的有效分布

　　组织管理者习惯将二人协同领导模式与命令混淆联系在一起，从而质疑其可行性和有效性。这种质疑的背后潜藏着这样的假设：二人协同领导模式需要平分权力。现实企业管理中，二人协同领导模式就不能有领导核心吗？领导组合并非一定要平分权力！依据权力的划分，我们可以进一步将领导组合区分为"层级模式"与"合伙模式"，前者存在权力核心，而后者多表现为权力双核结构。

　　层级模式下，两位领导者的权力一强一弱，但并不意味着弱的一方没有权力，合伙模式下，两位领导者形成双核结构，但从权力角度看也未必能够做到完全平等，若将其进一步区分为组织授予的正式权力与个人具备的非正式权力，则情况会变得更加复杂。笔者针对中国国有企业中特有的二人协同领导模式展开研究，结果发现，在国有上市公司中，若总经理与党委书记的权力差异较小，即平衡的权力分布，对组织长期的创新更有利，但对短期的财务绩效较为不利。在战略转型期的企业中，越集权的领导架构对短期财务绩效的积极影响更大。这一研究结果反映出，权力更均衡的组合模式在特定的情境下相对于更集权的模式表现出了更强的有效性，对于组织长期的创新发展有更积极的作用[①]。

---

　　① 王念，高昂，杨百寅. 2017. 中国国有企业双元领导模式有效性研究. 清华大学学报（哲学社会科学版），（2）：172-185.

西方社会的各类组织中，尽管不存在总经理和党委书记这样的制度性设计，但一些组织在发展过程中，由于种种原因也常常出现由两位联执首席执行官共同领导组织的现象。西方学者针对这种联执首席执行官模式的有效性开展了实证研究：Arena 等发现，存在联执首席执行官模式的公司的市场价值要高于只有一位首席执行官的公司，但他们并未深入探讨联执首席执行官构架对组织的影响机制[①]。Krause 等发现两位联执首席执行官的权力差距与公司净资产收益率之间显现出倒 U 形的曲线关系，即当两位联执首席执行官的权力差距处于某个特定区间时，组织的净资产收益率可能更高；而当两位联执首席执行官的权力过于集中或者过于分散时，对组织绩效可能产生消极影响[②]。

3. 总结：合力并非偶然，求同存异齐心

纵览古今中外成功的集体领导案例，我们认为领导班子集体协作需遵循以下四条基本原则。

第一，共同理想。领导集体成员应该具有共同的理想和价值观，要同心同德，心往一处想、劲往一处使，并且甘愿为集体的利益而牺牲自己个人的利益。在团队管理中，有一种现象被称为"螃蟹效应"：在篓子里放一只螃蟹，这只螃蟹很快就爬出去了，但如果放进一群螃蟹，就算没有盖子，这群螃蟹也爬不出去，因为只要有一只往上爬，其他的螃蟹便会攀附在它身上，把它拉下来，这就是"螃蟹效应"。在一个团队里，如果成员之间像这些螃蟹一样，为各自利益而互相打压，这个团队永远也不可能前进。领导集体有共同的理想而获得成功的例子很多，反面事例也有不少。所以，集体领导一定要有共同的理想和价值观，要为同一个理想而团结一致的奋斗。

第二，和而不同。集体领导很容易进入的误区包括：领导集体内部拉帮结派、勾心斗角；领导集体内部狼狈为奸、以公谋私。这就要求制度设计者能够找到有效手段避免这些情况的发生。正如宋孝宗设想的宰辅之间理想的合作关系，即"执政于宰相，固当和而不同"。这要求领导集体成员能够一切以大局为重，在顾全大局的前提下坚持自己的原则。大庆油田有

---

① Arena M P, Ferris S P, Emre U. 2011. It takes two: the incidence and effectiveness of co-ceos. Social Science Electronic Publishing, 46(3): 385-412.

② Krause R, Priem R, Love L. 2015. Who's in charge here? Co-ceos, power gaps, and firm performance. Strategic Management Journal, 36(13): 2099-2110.

限责任公司董事长王玉普曾经这样描述大庆油田的管理团队："作为一个领导团队，既坚持原则，又不排斥不同意见，做到'和而不同'。和谐绝不是否认矛盾差别的绝对一致，而是力求整体中的平衡，差异中的协调，是在承认矛盾差别基础上的统一。班子每个成员都能充分发表自己的意见，而不是一团和气、人云亦云、随声附和。"①当然，这时就要求领导团队成员特别是最高领导者拥有宽广的胸怀，能够容纳与自己不同的声音。《水浒传》里梁山根据地开创者王伦，器量狭小，于是丢了性命。宋江与他不同，呼朋唤友，各路英雄齐聚梁山，开创一番红火局面。

第三，多样互补。集体领导的有效性往往取决于领导班子成员的多样性与互补性。领导集体成员的选拔是十分重要的事务，有些核心领导者倾向于选择与自己保持一致的下属进入领导集体，这样的决策必定造成"一言堂"情况的出现。所以，选拔具有多样性背景和特质的个体进入领导集体就显得十分重要。纵观历史，每位明相在位时都会选拔耿直清廉甚至与自己不同的君子成为领导集体成员，如明代万历年间张居正选拔与自己并不亲近的吕调阳作为内阁次辅，共同推行万历新政。在选拔领导集体成员时，一定要注重考虑多样化的重要性，避免领导集体的僵化。联想集团在重新启用"杨柳组合"（柳传志担任董事局主席，杨元庆担任首席执行官）时，选择的领导班子就很好地体现了多样性和互补性。执行委员会成员由4名中国人和4名外国人组成，分别有不同的背景和不同的工作经验，并分管不同的部门。他们建立了共同的价值观，相互欣赏、尊重，堪称"中西合璧"。正是在这样东西交融、多元互补的领导班子的领导下，联想实现了大逆转。

第四，创新变革。集体领导另一个十分显著的误区是领导集体所有成员都庸庸碌碌、不思进取。集体领导，往往意味着集体负责，而集体负责通常情况下就是没有人负责。这很容易造成具有创新与变革精神的人和思想遭到排挤，而"不求有功，但求无过"思想把持整个领导集体。所以，在集体领导下，必须设计相应的制度鼓励领导集体的创新，并给勇于创新的集体成员以足够的容忍和激励。当前中国很多企业就普遍存在这样的问题，究其原因是企业高层的"主人翁意识"不够强。对于企业来说，在实践集体领导的过程中首先应该增强责任意识和危机意识，盖茨曾告诫他的员工，"我们的公司离破产永远只差18个月"，在这样的危机意识下对领导

① 王玉普. 2007-05-15. 大庆油田建设和谐领导团队的路径. http://www.china.com.cn/xxsb/txt/2007/05/15/content_8255511.htm[2020-01-17].

团队的压力和动力要更大。其次加强领导团队薪酬绩效与企业创新变革之间的联系，通过激励机制优化将个人利益与企业利益紧密连接在一起，破除"不求有功，但求无过"的思想束缚。同时，还要允许成员犯错，在制定决策时进行充分论证，以集体名义执行决策。一旦发现决策失误，领导集体要勇于承担责任，而不应将责任完全归结于提出建议的个体成员。